Quaderni *del* PLIDA

L'italiano
scritto
parlato certificato

PLIDA
ALMA

A cura del gruppo PLIDA: Daniele D'Aguanno, Silvia Giugni, Costanza Menzinger
Responsabile scientifico: Giuseppe Patota

Con la collaborazione di Lucilla Pizzoli
Esercitazioni a cura di: Roberto Aiello, Anita Lorenzotti

Responsabile editoriale: Ciro Massimo Naddeo
Redazione: Carlo Guastalla, Euridice Orlandino, Chiara Sandri
Copertina: Sergio Segoloni, McCann Erickson
Disegni: Andrea D'Aguanno
Grafica e impaginazione: Andrea Caponecchia

Stampa: la Cittadina, azienda grafica - Gianico (BS)
Printed in Italy

ISBN 978-88-6182-120-0

©2009 Alma Edizioni - Firenze
Prima edizione: giugno 2009

Alma Edizioni
viale dei Cadorna, 44
50129 Firenze
Tel. +39 055476644
Fax +39 055473531
info@almaedizioni.it
www.almaedizioni.it

INDICE

PREFAZIONE

Nell'ambito della proficua e continua attività didattica svolta dalla Società Dante Alighieri per promuovere l'insegnamento/apprendimento della lingua italiana, ritengo che l'accordo siglato con Alma Edizioni costituisca una tappa importante e un altro segnale del profondo rinnovamento della "Dante", cui partecipano con interesse e impegno i nostri Comitati sia in Italia che all'estero.

In un periodo in cui i flussi migratori risultano notevolmente aumentati e in cui sono sempre più numerosi gli stranieri che vengono in Italia in cerca di lavoro e di favorevoli opportunità professionali, la conoscenza della lingua italiana è ormai divenuto un requisito imprescindibile per un più agevole inserimento nella complessa società del nostro Paese.

La "Dante", che da tempo ha scelto di intraprendere la strada della formazione degli immigrati nei rispettivi luoghi di partenza, accanto all'impegno, sempre perseguito, di promuovere e diffondere la lingua italiana nel mondo, ritiene dunque fondamentale offrire agli insegnanti di lingua italiana come lingua straniera, materiali didattici tradizionali e multimediali idonei, rinnovati nella grafica e aggiornati nei contenuti, al fine di venire incontro alle esigenze degli apprendenti, oltre che naturalmente degli stessi docenti.

L'intesa tra Società Dante Alighieri e Alma Edizioni rappresenta un altro piccolo contributo offerto all'immigrazione, uno dei più intensi e a volte problematici fenomeni del nostro tempo, nell'auspicio che l'Italia si confermi sempre Paese accogliente, aperto e consapevole del valore di una condivisione culturale, sociale, politica e linguistica con chi viene a lavorare da noi.

Il Presidente della Società Dante Alighieri
Ambasciatore Bruno Bottai

PRESENTAZIONE

L'italiano, lingua di una piccola comunità portatrice di una grande cultura, è in crescita in tutto il mondo. Due, in particolare, sono i segni del suo successo come lingua di studio (e ormai anche di lavoro): da una parte, è aumentata la quantità, migliorata la qualità e si è diversificata la modalità di somministrazione degli strumenti didattici utili al suo apprendimento; dall'altra, è più forte e diffusa la richiesta di un suo insegnamento qualificato e certificato.

Con questi *Quaderni*, il PLIDA ha inteso cogliere entrambi i segni di cui si è appena detto e offrire così a chi studia l'italiano uno strumento che aiuti a impararlo e, contemporaneamente, a prepararsi a un esame che ne certifichi il dominio.

I *Quaderni* del PLIDA sono sei volumetti - uno per ciascuno dei livelli in cui è articolata la certificazione PLIDA: A1, A2, B1, B2, C1, C2 - che vogliono essere uno strumento semplice, pratico e affidabile da offrire a chiunque voglia cimentarsi in una prova d'esame PLIDA di un determinato livello.

Ogni volume si apre con una sintetica presentazione della certificazione PLIDA e continua con l'illustrazione di cosa bisogna "sapere" e di cosa bisogna "saper fare" per superare le prove di livello di ciascuna della quattro abilità (Ascoltare, Leggere, Parlare e Scrivere). All'indicazione di questi contenuti segue un percorso verso l'esame che si apre con una serie di esercitazioni didattiche, con chiavi, relative al livello di certificazione e si chiude con la presentazione delle prove scritte di alcune certificazioni passate, corredate di chiavi e del CD contenente i materiali delle prove relative all'ascolto.

Questa nostra piccola impresa è stata realizzata in collaborazione con una grande Casa Editrice, presente in tutto il mondo con materiali didattici di altissima qualità, e grazie all'impegno di molte persone: Roberto Aiello, Daniele D'Aguanno, Silvia Giugni, Costanza Menzinger, Massimo Naddeo e Lucilla Pizzoli. Ringrazio tutti costoro di cuore.

Ai futuri candidati agli esami del PLIDA, principali destinatari di questo *Quaderno*, e alle Colleghe e ai Colleghi che li accompagneranno nel loro cammino verso l'esame, rivolgo la preghiera di farci arrivare suggerimenti, critiche e proposte che consentano di migliorare una sua prossima edizione: un libro è fatto di parole, e le parole possono cambiare. Proprio come è cambiata, e tuttora cambia, la lingua che tanto amiamo.

Giuseppe Patota
Responsabile Scientifico del PLIDA

la certificazione PLIDA

SEZIONE 1 – IL PLIDA

Che cos'è il PLIDA?

Il PLIDA (Progetto Lingua Italiana Dante Alighieri) è un diploma di certificazione rilasciato dalla Società Dante Alighieri in base ad una convenzione con il Ministero degli Affari Esteri. Esso attesta la competenza in italiano come lingua straniera secondo una scala di sei livelli, che rappresentano altrettante fasi del percorso di apprendimento della lingua. I sei livelli del PLIDA vanno da A1 a C2 in progressione di difficoltà, e corrispondono ai livelli del *Quadro comune europeo di riferimento per le lingue* del Consiglio d'Europa[1].

Italiano elementare	PLIDA A1	= A1 *QCE* (Contatto)
	PLIDA A2	= A2 *QCE* (Sopravvivenza)
Italiano intermedio	PLIDA B1	= B1 *QCE* (Soglia)
	PLIDA B2	= B2 *QCE* (Progresso)
Italiano avanzato	PLIDA C1	= C1 *QCE* (Efficacia)
	PLIDA C2	= C2 *QCE* (Padronanza)

Riconoscimenti

La certificazione di competenza in lingua italiana PLIDA è una delle quattro ufficialmente riconosciute dal Ministero degli Affari Esteri della Repubblica italiana in base alla Convenzione n. 1903 del 4 novembre 1993. Il PLIDA è riconosciuto anche dal Ministero del Lavoro e delle Politiche Sociali (decreto 18/10/2002) e dal Ministero dell'Università e della Ricerca come titolo per l'immatricolazione universitaria a condizioni agevolate degli studenti stranieri (prot. n. 1906 del 9 ottobre 2006).

Il PLIDA opera inoltre in base ad una convenzione con l'Università "La Sapienza" di Roma (29/06/2004) che rilascia un plauso scientifico alla certificazione.

A chi è destinato il PLIDA?

Il PLIDA è un esame per tutte le persone di madrelingua diversa dall'italiano che vogliono sapere qual è il proprio grado di conoscenza e uso della lingua italiana e ottenere un riconoscimento ufficiale. Per iscriversi agli esami non sono fissati limiti di età. Puoi scegliere il livello al quale presentarti e non è necessario avere superato i livelli inferiori (puoi iscriverti al B2 senza avere fatto prima l'A2 o il B1).

---

[1] *Common European Framework for Languages: Learning, Teaching, Assessment,* Strasbourg, Council of Europe, 2001, trad.it. *Quadro comune europeo di riferimento per le lingue: apprendimento, insegnamento, valutazione,* Milano, La Nuova Italia-Oxford, 2002, (pp. 27-53).

Perché fare gli esami PLIDA?

- Per darti un obiettivo: molto spesso è utile avere una meta per proseguire nello studio. Lo stimolo di un esame e di un riconoscimento esterno può dare un impulso in più alla motivazione a studiare una lingua.
- Per documentare la tua conoscenza: oggi è sempre più importante poter dimostrare, attraverso riconoscimenti ufficiali, le competenze di cui si è in possesso.
- Per iscriverti all'università: dal livello B2, il certificato PLIDA permette agli studenti stranieri di iscriversi alle università italiane a condizioni agevolate.
- Per avere un supporto nella ricerca di un lavoro: un certificato ufficiale che documenta il livello di competenza in lingua italiana può costituire un elemento importante se devi usare la lingua a fini di lavoro.

Dove fare gli esami PLIDA?

I Centri certificatori PLIDA si trovano nei Paesi e nelle località sotto elencate:

AMERICHE

Argentina (49): Bahía Blanca, Bell Ville, Buenos Aires, Campana, Carcarañá, Carlos Casares, Cipolletti, Concordia, Córdoba, Correa, El Palomar, Esperanza, General S. Martín, La Falda, La Plata, La Rioja, Las Rosas, Lomas de Zamora, Mar del Plata, Mendoza, Merlo, Monte Caseros, Morón, Necochea, Paraná, Posadas, Rafaela, Ramos Mejía, Río Cuarto, Rosario, Salta, San Carlos de Bariloche, San Francisco, San Isidro, San Jorge, San Justo, San Luis, San Martín de Los Andes, San Martín y Tres de Febrero, Santa Fe, Tafi Viejo, Tandil, Tigre, Totoras, Tucumán, Vicente López, Viedma, Villa Carlos Paz, Villa María, Villa Mercedes
Bolivia (1): Santa Cruz de la Sierra
Brasile (5): Curitiba, Nova Friburgo, Recife, Salvador de Bahia, San Paolo-Campinhas
Canada (1): Québec
Cile (2): Antofagasta, Santiago
Colombia (2): Bogotá, Cali
Costa Rica (1): San José
Cuba (1): L'Avana
Ecuador (1): Quito
Guatemala (1): Città di Guatemala
Messico (6): Aguascalientes, Città del Messico, Guadalajara, León, Monterrey, Tlaxcala
Paraguay (1): Asunción
Perù (1): Arequipa
Stati Uniti d'America (2): Gainesville, Miami
Uruguay (1): Montevideo

EUROPA

Albania (1): Tirana
Austria (3): Graz, Salisburgo, Vienna
Belgio (2): Charleroi, Liegi
Bielorussia (1): Minsk
Bosnia Erzegovina (1): Sarajevo
Bulgaria (1): Sofia
Cipro (1): Nicosia
Croazia (3): Fiume, Spalato, Zagabria
Estonia (1): Tallin**
Ex Repubblica Jugoslava di Macedonia (1): Skopje
Federazione Russa (3): Ekaterinburg, Mosca, Rostov sul Don
Francia (9): Bastia, Chambéry, Lione, Modane, Montauban, Montpellier, Parigi, Perpignan, Sète
Georgia (1): Tbilisi
Germania (1): Norimberga
Grecia (2): Atene, Salonicco
Islanda (1): Reykjavík**
Italia (33): Bacoli, Bari, Benevento, Bolzano, CTP Bussolengo, Campobasso, Cesena, Chieti, Cosenza, Crotone, Fabriano, Firenze, Foggia, CTP Gallarate, Genova, Gorizia, L'Aquila, La Spezia, Milano, Mondavio, Napoli, Palermo, Pescara, Reggio Calabria (Università per stranieri "Dante Alighieri"), Roma, Rovigo, CTP Sesto S. Giovanni, Siena, Siracusa, Terni, CTP Trieste, Venezia, Verona (Istituto tecnico statale per periti aziendali e corrispondenti in lingue estere "Luigi Einaudi"), Vibo Valentia
Kazakhistan(1): Almaty
Malta (1): La Valletta
Montenegro (2): Cattaro, Ulcinj
Moldova (1): Chişinău
Norvegia (1): Oslo*, Trondheim
Paesi Bassi (2): Leida e L'Aia, Re. Mi. Limburgo
Polonia (3): Chorzów, Katowice, Varsavia
Regno Unito (1): Manchester**
Repubblica Ceca (1): Praga
Romania (1): Suceava
Serbia (1): Niš**
Slovacchia (1): Košice
Spagna (6): Granada**, Málaga, Murcia, Oviedo, Saragozza, Siviglia
Svizzera (10): Berna, Bienne, Canton Vallese, Friburgo, Ginevra, Lugano, Neuchatel, San Gallo, Winterthur, Zurigo
Turchia (1): Istanbul
Ucraina (2): Kiev*, Odessa

*Centri Certificatori presso gli Istituti di Cultura
**Centri Certificatori presso i Centri linguistici universitari

MEDITERRANEO E MEDIO ORIENTE

Giordania (1): Amman
Israele (2): Haifa, Gerusalemme
Territori dell'autonomia palestinese (1): Betlemme
Marocco (1): Casablanca
Tunisia (1): Tunisi

ASIA E OCEANIA

Australia (2): Brisbane, Sydney
Filippine (1): Manila
Giappone (2): Osaka, Tokyo
Nuova Zelanda (1): Christchurch
Repubblica Popolare Cinese (2): Hong Kong, Pechino
Vietnam (1): Hanoi

Per consultare l'elenco aggiornato dei centri certificatori,
consulta sul sito www.ladante.it la pagina del PLIDA.

SEZIONE 2 – IL LIVELLO B1

Il livello B1 ti garantisce la capacità di comprendere testi parlati e scritti in lingua standard legati ad argomenti familiari (per esempio nell'ambito del lavoro, della scuola e del tempo libero). A questo livello saprai utilizzare la lingua italiana per descrivere esperienze e avvenimenti, desideri e progetti, e per esporre brevemente opinioni, ragioni e spiegazioni.

Al livello PLIDA B1 dovrai essere capace di:

Ascoltare e Leggere
• Capire quando qualcuno ti chiede o ti dà semplici informazioni personali (per esempio sulle abitudini, sulle principali attività nel lavoro e nel tempo libero, sui gusti, gli interessi, le preferenze) con riferimento al presente o al passato • Capire quando qualcuno ti invita in maniera semplice a fare qualcosa nel tempo libero e quando qualcuno accetta o rifiuta un tuo invito spiegandone le ragioni • Capire quando qualcuno ti consiglia in

modo semplice di fare qualcosa presentandoti in maniera semplice un punto di vista • Capire quando qualcuno ti ringrazia spiegando perché gli sei stato d'aiuto • Capire quando qualcuno ti fa le sue scuse e spiega un suo comportamento • Capire quando qualcuno ti racconta esperienze personali brevi e semplici relative a situazioni quotidiane • Capire quando qualcuno ti spiega in maniera semplice i suoi sentimenti o le sue opinioni.

In particolare per la *comprensione orale*
• Capire gli annunci fatti nei luoghi pubblici • Capire un bollettino meteorologico alla radio o in televisione • Capire semplici annunci pubblicitari alla radio o in televisione • Capire semplici informazioni e notizie alla radio o in televisione (accompagnate da immagini) su temi quotidiani • Capire i principali dialoghi e la trama generale di un film • Capire quando qualcuno racconta esperienze personali (di studio, lavoro o del tempo libero; per esempio, in un'intervista) • Capire la cronaca di un avvenimento sportivo • Capire un discorso fatto per celebrare un'esperienza di lavoro (una presentazione semplice, un ringraziamento) • Capire richieste di informazioni e conferme al telefono • Capire semplici messaggi familiari lasciati in segreteria telefonica.

In particolare per la *comprensione scritta*
• Capire semplici descrizioni di oggetti, prodotti e servizi in un catalogo commerciale • Capire semplici annunci pubblicitari relativi a prodotti o servizi di largo uso • Capire semplici e brevi biografie • Capire lettere, fax o e-mail con messaggi di conferma, reclamo o sollecito nell'ambito del lavoro o del turismo • Capire lettere o e-mail di scusa, con la spiegazione di motivi e ragioni • Capire semplici lettere formali relative al tuo lavoro • Capire brevi e semplici racconti • Capire descrizioni di luoghi nelle guide turistiche • Capire semplici questionari relativi al tempo libero o al lavoro • Capire semplici istruzioni (per esempio per l'uso di un elettrodomestico, di un macchinario, di un medicinale) • Capire semplici notizie di attualità in un quotidiano o in una rivista • Capire semplici ricette di cucina • Capire facili indovinelli o le descrizioni più facili nelle parole crociate.

Parlare* e *Scrivere
• Chiedere e dare semplici informazioni personali sulle principali attività nel lavoro e nel tempo libero • Chiedere e dare semplici informazioni riguardo a luoghi, percorsi, orari, programmi • Chiedere e dare semplici opinioni e gusti su qualcuno o su qualcosa: un oggetto, un servizio, un'opera, un progetto, una proposta o una scelta (per esempio con *[A me] mi sembra che..., [Non] credo che sia..., Secondo me..., [Non] lo trovo..., Che ne pensi di...?, Che te ne pare di...?*) • Chiedere e dare semplici giudizi su fatti relativi ad avvenimenti appena passati • Chiedere e dare conferme a proposito di un fatto, di un progetto, di un testo (*Potresti dirmi se..., Volevo sapere se...*) • Esprimere e chiedere in maniera semplice la ragione e la causa di un avvenimento, anche con prudenza e discrezione • Esprimere e

chiedere in maniera semplice la curiosità o l'interesse per qualcosa (*Non m'importa di/se...*, *Non mi sono mai interessato di...*) • Esprimere e chiedere in maniera semplice approvazione o di disapprovazione per qualcosa (*[Non] mi sta bene che...*) • Esprimere e chiedere in maniera semplice l'accordo o il disaccordo (*Sono a favore/contrario...*, *Non credi?*, *Hai ragione*, *Non è vero che...*, *Nemmeno a me...*) • Esprimere e chiedere in maniera semplice apprezzamento, disprezzo o avversione per una cosa, un luogo, un'opera, un'azione o un avvenimento (*M'è piaciuto...*, *Non sopporto...*, *Mi dà fastidio...*) • Esprimere e chiedere in maniera semplice un contrasto (ad esempio con *anche se*) • Esprimere e chiedere in maniera semplice preferenze o indifferenze (*Preferisco...*, *Qual è la cosa che ti piace di più di...*, *È/Fa lo stesso...*) • Esprimere e chiedere in maniera semplice desideri e sogni (*Mi auguro/Spero che..*, *Ho voglia di...*, *Ti piacerebbe...?*, *Magari!*) • Esprimere e chiedere in maniera semplice intenzioni e programmi per il futuro (*Che cosa pensi/hai intenzione di fare...*, *Pensavo di andare...*, *Sto pensando di...*), e cambi di progetto (*Pensavo di... invece...*) • Esprimere e chiedere in maniera semplice sentimenti: allegria, soddisfazione, piacere, tristezza, divertimento, noia, irritazione, paura, ansia, preoccupazione, nervosismo, sollievo, rimorso, vergogna, delusione, sorpresa, ammirazione, affetto per qualcuno • Esprimere e chiedere in maniera semplice il ricordo o la dimenticanza di qualcuno o qualcosa (*[Non] mi ricordo/sono dimenticato che/di...*) • Esprimere e chiedere in maniera semplice l'esistenza o la mancanza di obblighi, divieti e necessità (*È obbligatorio...*, *[Non]è necessario che tu vada...*) • Affermare, negare o chiedere in maniera semplice la conoscenza di qualcosa relativamente alle attività sul lavoro o nel tempo libero, con riferimento al presente o al passato (*Ho letto/sentito/saputo che...*, *Non so dove/se...*, *Lo sapevo*, *Non sapevo che...*, *So qualcosa di...*, *Non ne sapevo niente...*, *Non ne ho idea*) • Affermare, negare o chiedere in maniera semplice la capacità di saper far qualcosa relativamente alle tue attività sul lavoro o nel tempo libero (*Sono portato per...*) • Esprimere certezza o mancanza di certezza • Esprimere ipotesi e possibilità • Esprimere e spiegare sensazioni fisiche: stanchezza, dolore, malesseri • Descrivere abitudini passate e presenti • Spiegare in maniera semplice le ragioni di azioni fatte nel passato (per esempio con *siccome*) • Correggere informazioni date in precedenza • Esprimere scetticismo a proposito di qualcosa (*Dipende...*, *Credi?*) • Informarsi sulla conoscenza di qualcosa o sull'abilità di saper fare qualcosa da parte di qualcuno • Fare semplici paragoni • Chiedere un favore in forma gentile • Chiedere aiuto per fare qualcosa • Accettare e rifiutare in forma cortese un invito spiegando le ragioni • Proporre e suggerire attività e programmi (*Ti va di...?*) • Fare una proposta, un'offerta o un invito • Dare consigli (*Ti consiglio di...*, *Devi/Dovresti...*, *Sarebbe meglio...*, *Io uscirei prima*, *Prova a...*) • Avvertire qualcuno di qualcosa • Promettere qualcosa a qualcuno in maniera semplice • Offrirsi di fare qualcosa • Rassicurare e consolare (*Non fa niente*, *Non importa*) • Scusarsi di qualcosa con qualcuno (*Mi dispiace molto che/di...*, *Scusami se...*) • Chiedere a qualcuno di raccontare un avvenimento • Riportare l'opinione di qualcun altro.

In particolare per la *produzione orale*

• Salutare in maniera formale qualcuno e rispondere a un saluto formale • Presentare qualcuno a qualcun altro in maniera formale (*Vorrei presentarle...*) • Rispondere a una presentazione in maniera formale e richiedere una presentazione (*Conosci Marzia? Me la presenti?*) • Ringraziare in maniera semplice e formale qualcuno • Dimostrare di seguire con interesse il racconto di una persona (*Davvero?, Sul serio?, Che bello!, Vai avanti, Continua!*) • Richiamare l'attenzione di un interlocutore (*Mi capisci?, Guarda, Senti, No?, Mi senti?*) • Interrompere il discorso del tuo interlocutore per fare un intervento (*Aspetta un momento..., Scusami, posso dire una cosa...*) • Indicare che si vuole continuare un discorso • Segnalare che si sta concludendo un racconto • Chiedere a qualcuno di fare silenzio • Concedere la parola a qualcuno • Dare ordini in forma diretta e leggermente attenuata • Rispondere a un ordine in maniera positiva o negativa (in forma attenuata e cortese) • Chiedere il permesso di fare qualcosa in forma attenuata e cortese (*Le dà fastidio se..., Mi fai guidare un po'?, Le dispiacerebbe...*) • Dare il permesso di fare qualcosa • Negare il permesso di fare qualcosa, spiegando le ragioni • Chiedere in forma attenuata di avere degli oggetti • Augurare qualcosa di bello a qualcuno • Salutare qualcuno augurandosi di rivedersi • Al telefono: salutare, chiedere e dare informazioni, consigli e conferme • Al telefono: cedere, richiedere, avviare turni di conversazione • Al telefono: chiedere di parlare con un'altra persona in maniera cortese (*Potrei parlare con... ?, Volevo/Vorrei parlare con...*) • Al telefono: rispondere a una persona che chiede di parlare con qualcun altro (indicando se la persona può parlare o no, se chi chiama ha sbagliato numero, chiedendo se si vuole lasciare un messaggio) • Dare consigli e conferme (per l'organizzazione di un viaggio o per l'acquisto di un servizio, per esempio) • Spiegare in maniera semplice a un medico come ti senti.

In particolare per la *produzione scritta*

• Scrivere una lettera o un'e-mail personale per raccontare un'esperienza breve in maniera semplice (relativa alla tua vita quotidiana) • Scrivere brevi e semplici lettere formali di lavoro • Scrivere brevi messaggi per spiegare le tue opinioni su temi semplici e quotidiani in un forum • Scrivere avvisi e messaggi per dare informazioni pratiche o per proibire un'azione • Avviare e chiudere una lettera in maniera formale (*Gentile Signora, Gentile Professore, Cordiali saluti*).

Per superare il livello PLIDA B1 dovrai:

Ascoltare

• Comprendere due testi brevi (max 3 minuti ciascuno) di tipo narrativo (racconti su argomenti familiari), descrittivo (descrizioni dettagliate di persone e oggetti; curriculum), informativo (il senso generale di informazioni sulla vita quotidiana e sul lavoro, lezioni su argomcnti familiari, notiziari su semplici argomenti di cronaca, interviste e brevi conferenze semplici e chiare), regolativo (istruzioni per l'uso di apparecchi di uso quotidiano).

Leggere
• Capire il significato generale di testi brevi (max 700 parole nel complesso) di tipo narrativo (articoli di cronaca su vari argomenti, resoconti, fumetti), descrittivo (descrizione di avvenimenti e sentimenti, resoconti di viaggio), argomentativo (saggi organizzati in modo semplice), informativo (lettere su argomenti familiari, brevi documenti ufficiali, etichette sui prodotti, articoli di giornale su argomenti familiari, lettere di comunicazioni ufficiali, dizionari), regolativo (istruzioni semplici per l'uso di un apparecchio, ricette di cucina).

Scrivere
• Comporre brevi testi (max 300 parole nel complesso) di tipo narrativo (racconto di una storia, resoconto di avvenimenti ed esperienze personali), descrittivo (descrizione di fatti, sentimenti personali, luoghi visitati), argomentativo (motivare un'azione, esprimere un'opinione in una lettera personale), informativo (brevi relazioni e saggi su argomenti familiari), regolativo (istruzioni per svolgere compiti elementari, ricette di cucina non difficili).

Parlare
• Presentarti spiegando i tuoi progetti e le tue esperienze. Nell'interazione guidata sarai invitato a risolvere compiti relativi a situazioni quotidiane (per esempio in un viaggio, in un negozio, in un ufficio pubblico), anche chiedendo chiarimenti e comunque interagendo con l'intervistatore o con un altro candidato. Nel monologo, dopo aver scelto in una lista un argomento che ti è familiare, dovrai descrivere e raccontare qualche fatto legato a quell'argomento accaduto a te o ad altri, anche riferendo particolari e spiegando le tue impressioni e le tue opinioni.

SEZIONE 3 – UN PERCORSO PER L'ESAME

1. Qualche suggerimento per prepararsi

L'autovalutazione

a. La griglia del QCE
Il primo passo per prepararti all'esame è conoscere il tuo livello. Per fare questo ti consigliamo innanzitutto di leggere attentamente la tabella dell'autovaluzione presentata nel *Quadro comune europeo di riferimento* e che qui viene riprodotta per comodità nella versione italiana.

Griglia di autovalutazione © Consiglio d'Europa / Council of Europe / Conseil de l'Europe

(Attenzione: la griglia deve essere letta da sinistra verso destra).

		A1
COMPRENSIONE	**Ascolto**	Riesco a riconoscere parole che mi sono familiari ed espressioni molto semplici riferite a me stesso, alla mia famiglia e al mio ambiente, purché le persone parlino lentamente e chiaramente.
	Lettura	Riesco a capire i nomi e le persone che mi sono familiari e frasi molto semplici, per esempio quelle di annunci, cartelloni, cataloghi.
PARLATO	**Interazione**	Riesco ad interagire in modo semplice se l'interlocutore è disposto a ripetere più lentamente certe cose e mi aiuta a formulare ciò che cerco di dire. Riesco a porre e a rispondere a domande semplici su argomenti molto familiari o che riguardano bisogni immediati.
	Produzione	Riesco ad usare espressioni e frasi semplici per descrivere il luogo dove abito e la gente che conosco.
SCRITTO	**Produzione**	Riesco a scrivere una breve e semplice cartolina, ad esempio per mandare i saluti delle vacanze. Riesco a compilare moduli con dati personali scrivendo per esempio il mio nome, la nazionalità e l'indirizzo sulla scheda di registrazione di un albergo.

A2	B1
Riesco a capire espressioni e parole di uso molto frequente relative a ciò che mi riguarda direttamente (per esempio informazioni di base sulla mia persona e sulla mia famiglia, gli acquisti, l'ambiente circostante e il lavoro). Riesco ad afferrare l'essenziale di messaggi e annunci brevi, semplici e chiari.	Riesco a capire gli elementi principali in un discorso chiaro in lingua standard su argomenti familiari, che affronto frequentemente a lavoro, a scuola, nel tempo libero, ecc. Riesco a capire l'essenziale di molte trasmissioni radiofoniche e televisive su argomenti di attualità o temi di mio interesse personale o professionale, purché il discorso sia relativamente lento e chiaro.
Riesco a leggere testi molto brevi e semplici e a trovare informazioni specifiche e prevedibili in materiale di uso quotidiano, quali pubblicità, programmi, menù e orari. Riesco a capire lettere personali semplici e brevi.	Riesco a capire testi scritti di uso corrente legati alla sfera quotidiana o al lavoro. Riesco a capire la descrizione di avvenimenti, di sentimenti e di desideri contenuta in lettere personali.
Riesco a comunicare affrontando compiti semplici e di routine che richiedano solo uno scambio semplice e diretto di informazioni su argomenti e attività consuete. Riesco a partecipare a brevi conversazioni, anche se di solito non capisco abbastanza per riuscire a sostenere la conversazione.	Riesco ad affrontare molte delle situazioni che si possono presentare viaggiando in una zona dove si parla la lingua. Riesco a partecipare, senza essermi preparato, a conversazioni su argomenti familiari, di interesse personale o riguardanti la vita quotidiana (per esempio, la famiglia, gli hobby, il lavoro, i viaggi e i fatti di attualità).
Riesco ad usare una serie di espressioni e frasi per descrivere con parole semplici la mia famiglia ed altre persone, le mie condizioni di vita, la carriera scolastica e il mio lavoro attuale o il più recente.	Riesco a descrivere, collegando semplici espressioni, esperienze ed avvenimenti, i miei sogni, le mie speranze e le mie ambizioni. Riesco a motivare e spiegare brevemente opinioni e progetti. Riesco a narrare una storia e la trama di un libro o di un film e a descrivere le mie impressioni.
Riesco a prendere semplici appunti e a scrivere brevi messaggi su argomenti riguardanti bisogni immediati. Riesco a scrivere una lettera personale molto semplice, per esempio per ringraziare qualcuno.	Riesco a scrivere testi semplici e coerenti su argomenti a me noti o di mio interesse. Riesco a scrivere lettere personali esponendo esperienze e impressioni.

		B2
COMPRENSIONE	Ascolto	Riesco a capire discorsi di una certa lunghezza e conferenze e a seguire argomentazioni anche complesse purché il tema mi sia relativamente familiare. Riesco a capire la maggior parte dei notiziari e delle trasmissioni TV che riguardano fatti d'attualità e la maggior parte dei film in lingua standard.
	Lettura	Riesco a leggere articoli e relazioni su questioni d'attualità in cui l'autore prende posizione ed esprime un punto di vista determinato. Riesco a comprendere un testo narrativo contemporaneo.
PARLATO	Interazione	Riesco a comunicare con un grado di spontaneità e scioltezza sufficiente per interagire in modo normale con parlanti nativi. Riesco a partecipare attivamente a una discussione in contesti familiari, esponendo e sostenendo le mie opinioni.
	Produzione	Riesco ad esprimermi in modo chiaro e articolato su una vasta gamma di argomenti che mi interessano. Riesco ad esprimere un'opinione su un argomento d'attualità, indicando vantaggi e svantaggi delle diverse opzioni.
SCRITTO	Produzione	Riesco a scrivere testi chiari e articolati su un'ampia gamma di argomenti che mi interessano. Riesco a scrivere saggi e relazioni, fornendo informazioni e ragioni a favore o contro una determinata opinione. Riesco a scrivere lettere mettendo in evidenza il significato che attribuisco personalmente agli avvenimenti e alle esperienze.

C1	C2
Riesco a capire un discorso lungo anche se non è chiaramente strutturato e le relazioni non vengono segnalate, ma rimangono implicite. Riesco a capire senza troppo sforzo le trasmissioni televisive e i film.	Non ho nessuna difficoltà a capire qualsiasi lingua parlata, sia dal vivo sia trasmessa, anche se il discorso è tenuto in modo veloce da un madrelingua, purché abbia il tempo di abituarmi all'accento.
Riesco a capire testi letterari e informativi lunghi e complessi e so apprezzare le differenze di stile. Riesco a capire articoli specialistici e istruzioni tecniche piuttosto lunghe, anche quando non appartengono al mio settore.	Riesco a capire con facilità praticamente tutte le forme di lingua scritta inclusi i testi teorici, strutturalmente o linguisticamente complessi, quali manuali, articoli specialistici e opere letterarie.
Riesco ad esprimermi in modo sciolto e spontaneo senza dover cercare troppo le parole. Riesco ad usare la lingua in modo flessibile ed efficace nelle relazioni sociali e professionali. Riesco a formulare idee e opinioni in modo preciso e a collegare abilmente i miei interventi con quelli di altri interlocutori.	Riesco a partecipare senza sforzi a qualsiasi conversazione e discussione ed ho familiarità con le espressioni idiomatiche e colloquiali. Riesco ad esprimermi con scioltezza e a rendere con precisione sottili sfumature di significato. In caso di difficoltà, riesco a ritornare sul discorso e a riformularlo in modo scorrevole.
Riesco a presentare descrizioni chiare e articolate su argomenti complessi, integrandovi temi secondari, sviluppando punti specifici e concludendo il tutto in modo appropriato.	Riesco a presentare descrizioni o argomentazioni chiare e scorrevoli, in uno stile adeguato al contesto e con una struttura logica efficace, che possa aiutare il destinatario a identificare i punti salienti da ricordare.
Riesco a scrivere testi chiari e ben strutturati sviluppando analiticamente il mio punto di vista. Riesco a scrivere lettere, saggi e relazioni esponendo argomenti complessi, evidenziando i punti che ritengo salienti. Riesco a scegliere lo stile adatto ai lettori ai quali intendo rivolgermi.	Riesco a scrivere testi chiari, scorrevoli e stilisticamente appropriati. Riesco a scrivere lettere, relazioni e articoli complessi, supportando il contenuto con una struttura logica efficace che aiuti il destinatario a identificare i punti salienti da ricordare. Riesco a scrivere riassunti e recensioni di opere letterarie e di testi specialistici.

b. Test di ingresso

Dopo avere individuato il livello in base ai descrittori del *Quadro comune europeo di riferimento per le lingue*, leggi attentamente la descrizione del livello contenuta nella Sezione 2 (pp. 13-17). Potranno esserti molto utili anche i test d'ingresso scaricabili dal sito internet della Società Dante Alighieri (*www.ladante.it*) all'indirizzo *http://www.ladante.it/plida/testingresso.asp*.

c. Le prove passate

Utilizzando le prove delle sessioni d'esame precedenti (pp. 69-96) potrai testare le tue capacità svolgendo una prova completa. In questo modo ti renderai conto di come è fatto e come funziona l'esame, di quanto tempo avrai a disposizione per ciascuna delle parti di cui è composto, di come sono fatti gli esercizi e così via.

Come prepararsi alle singole abilità

La prova *Ascoltare*

È molto importante esercitarti all'attività di ascolto fin dalle prime fasi di apprendimento. Molto spesso, infatti, questa attività viene trascurata nei corsi di lingua e nello studio individuale, perché ritenuta difficile o perché è più complicato trovare materiali audio (anche se internet consente ormai di accedere a moltissimi repertori multimediali). È di grande importanza, per prepararti all'esame, capire quanti ascolti di uno stesso brano sono necessari per trovare le informazioni richieste nell'esercizio e confrontare il tempo e il numero di ascolti necessari con quelli messi a disposizione durante la prova. Prova fin da subito a confrontarti con il linguaggio autentico. Ricorda che non devi capire tutto quello che ascolti, ma estrapolare le informazioni più importanti, concentrandoti sulle parole chiave del discorso che possono aiutarti a comprendere il contesto.

La prova *Leggere*

Oltre ai libri di testo, ti consigliamo di utilizzare, possibilmente, materiali autentici (destinati cioè alla comunità degli italofoni), per entrare in contatto con la lingua usata nella vita di tutti i giorni. Quando leggi questi materiali è importante non scoraggiarti se non capisci tutte le parole, ma prova ad immaginare il significato delle parole che non conosci dal contesto, oppure ad estrapolare il significato principale del testo senza soffermarti sui dettagli.

La prova *Scrivere*

Per esercitarti alla prova di scrittura ti consigliamo di sfruttare il maggior numero di occasioni possibili per comporre messaggi scritti. Puoi ad esempio prendere dei piccoli appunti su parole che non conosci, utilizzando il dizionario per controllare la corretta ortografia, scambiare messaggi di posta elettronica con amici italiani o con altre persone che studiano la lingua italiana.

La prova *Parlare*

Per questa prova ti può essere molto utile frequentare circoli e comunità culturali, amici e familiari italofoni, oppure utilizzare le occasioni di incontro e scambio di messaggi orali e scritti offerte dalla rete.

Le strutture linguistiche

Alle pp. 31- 68 sono disponibili 41 esercitazioni didattiche complete di chiavi (pp. 98-103), che servono a sviluppare la competenza linguistica relativa al livello B1.

■2. Suggerimenti per gli insegnanti

L'ufficio PLIDA fornisce in questo paragrafo alcuni suggerimenti didattici per i corsi di lingua italiana, validi per tutti i livelli. Le rapide indicazioni che seguono si fondano su una visione pragmatica e sociolinguistica della lingua; il loro obiettivo è sviluppare, accanto alla conoscenza delle forme e delle strutture linguistiche (il "sapere"), la capacità di agire in particolari contesti comunicativi (il "saper fare").

Al centro della pratica didattica saranno sempre testi parlati e scritti, scelti sulla base di alcuni criteri fondamentali, ribaditi dal *Quadro comune europeo di riferimento per le lingue:* l'autenticità, la complessità linguistica, il canale comunicativo parlato o scritto, la tipologia (testi descrittivi, informativi, narrativi, argomentativi e regolativi), la struttura del discorso, la lunghezza e la rilevanza per lo studente.

Tutti i corsi dovranno porsi l'obiettivo di sviluppare negli studenti la capacità di gestire la comunicazione una volta che si trovino ad agire come soggetti sociali; a tale scopo verranno proposti, con la necessaria gradualità, compiti e testi che questi possono incontrare nell'uso reale della lingua.

Le attività proposte per sviluppare le competenze nelle quattro abilità saranno quelle che la pratica glottodidattica descrive come più valide e affidabili: a titolo esemplificativo si propongono alcuni compiti comunicativi che favoriscono l'acquisizione delle competenze.

Per la *produzione orale* sono consigliate per tutti i livelli attività come le drammatizzazioni, i role-play e le conversazioni in coppia o piccoli gruppi. Attività di monologo sono invece previste per i livelli più alti.

Per la *produzione scritta* si suggerisce la creazione di messaggi, compilazione di moduli, preparazione di cartelloni e corrispondenza. Ai livelli più alti si può prevedere la stesura di articoli, relazioni e testi di fantasia.

Per la *comprensione orale* è importante proporre l'ascolto (sia globale sia analitico, possibilmente in fasi distinte) di testi autentici calibrati per livello, utilizzando tutte le risorse e i canali possibili (televisione, radio, internet, ecc.)

Per la *comprensione scritta* è fondamentale prevedere la lettura (sia globale sia analitica) di elaborati autentici, a partire da testi informativi, semplici istruzioni, pubblicità, ecc. per arrivare a testi più complessi quali articoli di giornale, saggi, letteratura, ecc.

Trasversalmente a tutte le attività citate si dovrebbero prevedere sia giochi, sia attività di analisi mirate ad aspetti formali della lingua, con procedure di tipo euristico che portino lo studente alla scoperta delle regolarità soggiacenti al sistema linguistico.

Si consiglia inoltre di prevedere attività di arricchimento della capacità strategica dei discenti per raggiungere l'altro obiettivo fondamentale dell'apprendimento delle lingue: il "saper apprendere", e pertanto lo sviluppo dell'autonomia nel discente, obiettivo particolarmente rilevante per studenti adulti. È opportuno quindi sviluppare le capacità di pianificazione, esecuzione, valutazione e riparazione, sia in ricezione sia in produzione.

Per quanto riguarda le tecniche di valutazione, si consiglia di effettuare frequentemente esercizi di scelta multipla, cloze-test e altri test di completamento, individuazione di informazioni, riordino di sequenze, abbinamento di serie di elementi, domande strutturate e aperte.

Nessun corso potrà prescindere da una trattazione degli aspetti culturali e sociali dell'Italia, affrontati in modo integrato con i contenuti linguistici, per non creare un'innaturale scissione fra lingua e cultura.

Ai livelli dell'italiano elementare (A1-A2) i temi trattati riguarderanno gli aspetti della vita quotidiana e i rapporti interpersonali; ai livelli dell'italiano intermedio (B1-B2) essi si allargheranno a comprendere argomenti familiari e relativi al mondo del lavoro; ai livelli dell'italiano avanzato (C1-C2) i temi saranno più complessi, fino a toccare argomenti generali di area economica, politica e sociale e i relativi àmbiti professionali specifici.

SEZIONE 4 – LE PROVE D'ESAME

Come sono organizzate

L'esame di livello B1 è composto da quattro prove:

Prova	Tempo a disposizione
Ascoltare	20 minuti
Leggere	30 minuti
Scrivere	50 minuti
Parlare	10 minuti circa

La prova *Ascoltare*
La prova è composta da due parti (di durata massima di tre minuti ciascuno). Dopo l'ascolto devi rispondere a domande a risposta chiusa.

I testi - I testi possono essere di tipo narrativo (dialoghi, programmi radiofonici tematici, interviste, ecc), descrittivo (descrizioni pubblicitarie di un prodotto, di un luogo, di un servizio, ecc.), informativo (notizie radiofoniche, interviste, pubblicità di eventi, ecc.). Per questo livello i testi sono registrati in studio da attori professionisti e hanno precise caratteristiche: le persone parlano a ritmo quasi naturale, gli interventi di più persone non si sovrappongono, i rumori di fondo non disturbano la comunicazione.

Lo svolgimento della prova - Per ogni testo sono previsti due ascolti. Le istruzioni per ogni parte della prova sono registrate sul supporto audio e dovrai ascoltare attentamente e leggere quello che ti viene richiesto di fare nella prova. Ti consigliamo di leggere attentamente l'esercizio prima di ascoltare, in modo da attivare già un ascolto selettivo alla ricerca delle informazioni richieste.

I quesiti - Devi completare dei semplici esercizi a risposta chiusa. Gli esercizi hanno come oggetto la comprensione del testo ascoltato. Il numero dei quesiti può variare in media da cinque a otto per ognuna delle due parti della prova.

La prova *Leggere*

Durante la prova, leggerai due brevi testi (di lunghezza massima di 350 parole ciascuno). I due testi sono diversi per contenuto, destinazione e caratteristiche di lingua e di stile. Dopo la lettura devi rispondere a domande a risposta chiusa.

I testi - I testi previsti per questo livello possono essere testi narrativi (lettere personali, diari, biografie e autobiografie, semplici articoli di cronaca, rubriche, fumetti, ecc.), testi descrittivi (descrizioni di avvenimenti e sentimenti, resoconti di viaggio), argomentativi (semplici articoli di giornale che espongono un'opinione, brevi saggi in cui la struttura logica è molto trasparente, ecc.) testi informativi (etichette, semplici relazioni su un argomento, semplici articoli di giornale), testi regolativi (manuali d'istruzioni, ricette di cucina, ecc.). Per questo livello i testi sono per lo più autentici; nella selezione dei testi si presta attenzione alle caratteristiche del livello.

Lo svolgimento della prova - Le istruzioni per ogni parte della prova sono fornite prima dell'esercizio da svolgere. Ti consigliamo di leggere attentamente l'esercizio prima di leggere il testo presentato in modo da attivare già una lettura selettiva alla ricerca delle informazioni richieste.

I quesiti - Devi completare dei semplici esercizi a risposta chiusa. Gli esercizi hanno come oggetto la comprensione del testo scritto. Il numero dei quesiti può variare in media da cinque a otto per ognuna delle due parti della prova.

La prova *Scrivere*

Per questa prova devi comporre due brevi testi (della lunghezza massima di 300 parole) sullo spunto di due tracce. Devi scrivere i testi a mano, con una penna indelebile, su fogli forniti dal Centro; sono vietati fogli aggiuntivi, così come strumenti di aiuto di vario genere (grammatiche e dizionari). Le tracce fanno sempre riferimento a situazioni reali o realistiche relative alla vita personale, pubblica, educativa e professionale. Per questo livello si propone in particolare la stesura di testi di tipo narrativo (autobiografie e biografie, semplici racconti di avvenimenti ed esperienze), descrittivo (descrizioni di sé, *curriculum*), informativo (brevi lettere su argomenti quotidiani, moduli e questionari da riempire) e regolativo (istruzioni per attività quotidiane).

La prova *Parlare*

La tua prova orale sarà valutata da una commissione (autorizzata dalla Sede centrale) composta da due persone: un intervistatore e un esaminatore. L'intervistatore ha il ruolo di interagire con te e metterti a tuo agio, l'esaminatore invece ha il compito di valutare la tua produzione orale. Per il livello B1 la prova è costituita da tre parti: la *presentazione* (1 minuto), *l'interazione guidata* (5-7 minuti) e il *monologo* (3-5 minuti). Durante la *presentazione* devi presentarti e spiegare in modo semplice le ragioni che ti hanno spinto allo studio della lingua italiana; questa parte ha lo scopo principale di metterti a tuo agio e di "rompere il ghiaccio".

Durante *l'interazione guidata* devi interagire con l'intervistatore in una situazione di vita quotidiana, in cui devi risolvere dei compiti comunicativi (ad esempio, cercare o cambiare un oggetto in un negozio, fare un reclamo a uno sportello); durante l'interazione dovrai dimostrare di sapere usare strategie comunicative come: chiedere di ripetere o di spiegare, riformulare quello che è stato detto, assicurarsi di avere compreso bene il significato e l'intenzione comunicativa.

Durante il *monologo* puoi scegliere un argomento da una lista presentata dall'intervistatore. Hai a disposizione qualche minuto per scegliere l'argomento che preferisci e per organizzare le idee: puoi prendere qualche appunto, ma non puoi utilizzare materiali personali.

SEZIONE 5 – COME SONO VALUTATE LE PROVE D'ESAME

Livello B1

Superamento dell'esame e punteggio

Il voto di ogni prova è espresso in trentesimi: per superare l'esame devi raggiungere la sufficienza (18/30) in ciascuna delle quattro abilità; il punteggio minimo complessivo per superare l'esame è quindi 72/120, il massimo è 120/120. Se raggiungerai la sufficienza in almeno tre delle quattro abilità previste potrai ottenere un credito per iscriverti alla sessione d'esame successiva e sostenere soltanto la prova dell'abilità che non hai superato.

La valutazione delle prove *Ascoltare* e *Leggere*

Le prove *Ascoltare* e *Leggere* presentano dei quesiti a risposta chiusa e sono pertanto test a correzione oggettiva tramite delle chiavi di risposta date. La correzione di queste due prove è a cura esclusivamente dell'Ufficio PLIDA. La prova *Ascoltare* è composta da due parti. Il punteggio complessivo massimo è di 30 punti. Per questo livello la risposta corretta ad ogni quesito (solitamente da cinque a otto per ogni parte per il livello B1) vale 2 punti. La somma dei punti delle risposte corrette costituisce il voto complessivo della singola prova. Per la prova *Leggere* ci si attiene allo stesso criterio di correzione e valutazione.

La valutazione della prova *Parlare*

La valutazione della prova orale è affidata a una Commissione locale composta di professionisti con vasta esperienza che operano sulla base di scale di valutazione fornite dalla Sede Centrale, in modo da garantire un risultato omogeneo nello spazio e nel tempo.

Nella certificazione PLIDA, al pari che in altre importanti certificazioni internazionali, si ritiene di fondamentale importanza che la valutazione della competenza orale sia fatta da chi è fisicamente presente alla prova:

- in primo luogo, perché un testo orale ha caratteristiche specifiche ed irripetibili, individuabili e valutabili solo nel contesto fisico della sua produzione, caratteristiche che né una registrazione né una trascrizione potrebbero conservare (anche in una registrazione, infatti, molti dei tratti paralinguistici, extralinguistici e pragmatici propri del testo orale andrebbero perduti);

- in secondo luogo, perché la specificità delle culture nazionali e locali può essere tenuta presente soltanto da una commissione in loco, capace di garantire il valore aggiunto della testimonianza diretta, sempre preferibile a quella indiretta;

- in terzo luogo, perché la diffusione capillare dei Centri di Certificazione che fanno capo ai Comitati della Società Dante Alighieri presenti in tutto il mondo rappresenta un'innegabile opportunità: è proprio grazie a tale diffusione che il PLIDA può contare su un gran numero di docenti appositamente formati, stabili e ben radicati nelle singole realtà nazionali e locali.

Per garantire ancora di più la correttezza e l'omogeneità della valutazione, la prova orale viene comunque registrata (in modo tale che il registratore ostacoli il meno possibile la prova stessa) e inviata dal Centro Certificatore alla Sede Centrale per un controllo finale.

La Commissione per la valutazione della prova orale

La Commissione, proposta dal Responsabile per la Certificazione di ogni singolo Centro e sottoposta all'approvazione e al controllo della Sede Centrale, è formata da due membri, un intervistatore e un esaminatore, i quali non devono avere precedenti informazioni, dirette o indirette, sulle tue competenze linguistiche. I due membri della Commissione ricoprono ruoli distinti e ugualmente fondamentali: nella fattispecie l'intervistatore ha, fra i tanti compiti, quello di incoraggiare la conversazione e quello di metterti a tuo agio; durante l'esecuzione della prova, infatti, nessuno ti correggerà.

I requisiti necessari per svolgere la mansione di intervistatore sono: ottima conoscenza della lingua italiana (di livello non inferiore a C1), buona esperienza nell'insegnamento e nella conduzione di un esame orale, buona attitudine nella conversazione.

L'esaminatore non interviene nella conversazione ma valuta la tua esecuzione esprimendo, anche insieme all'intervistatore, un voto globale finale espresso in trentesimi. L'esaminatore tiene conto di eventuali errori di lingua solo in relazione al livello richiesto.

Oltre a un'ottima conoscenza della lingua italiana (di livello non inferiore a C2) e a una buona esperienza nell'insegnamento e in particolare nella valutazione, i requisiti che consentono l'autorizzazione a svolgere la mansione di esaminatore sono:

- laurea in lingua e/o letteratura italiana (o equipollente) conseguita presso un'università italiana o straniera con almeno un esame di letteratura italiana e uno di storia della lingua italiana (o di lingua italiana o di linguistica italiana)
- laurea in lettere (o equipollente) conseguita presso un'università italiana con almeno un esame di letteratura italiana e uno di storia della lingua italiana (o di lingua italiana o di linguistica italiana)
- laurea in altra disciplina conseguita presso un'università italiana o straniera con un corso di studi all'interno del quale compaiano almeno tre anni di lingua o letteratura italiana
- lettorato di italiano presso un'università straniera durato almeno un anno
- abilitazione all'insegnamento dell'italiano in scuole pubbliche in Italia o all'estero
- master di I o II livello in didattica dell'italiano L2.

Altri titoli accademici ed esperienze professionali pregresse (per esempio periodi continuati di insegnamento della lingua italiana) saranno valutati a discrezione della Sede Centrale.

I criteri di valutazione della prova orale

La valutazione della prova orale si fonda sulla descrizione degli aspetti qualitativi della lingua, così come sono riportati nel *Quadro comune europeo di riferimento per le lingue* (cit., pp. 36-37) e qui di seguito trascritti per comodità e suddivisi per livello:

LIVELLO B1

Estensione	Ha sufficienti strumenti linguistici e vocabolario per esprimersi con qualche esitazione e perifrasi su argomenti quali famiglia, interessi e hobby, lavoro, viaggi, fatti di attualità.
Correttezza	Usa con ragionevole correttezza un repertorio di strutture e di espressioni di routine associate a situazioni largamente prevedibili.
Fluenza	È in grado di parlare in modo comprensibile, anche se, specialmente in sequenze di produzione libera relativamente lunghe, sono evidenti le pause per cercare le parole e le forme grammaticali e per correggere gli errori.
Interazione	È in grado di iniziare, sostenere e concludere una semplice conversazione faccia a faccia su argomenti familiari o di suo interesse. È capace di ripetere parte di ciò che altri hanno detto per confermare la reciproca comprensione.
Coerenza	È in grado di collegare una serie di semplici elementi brevi e distinti in una sequenza lineare di punti in rapporto tra loro.

Il punteggio che la certificazione PLIDA attribuisce a ciascuna categoria nel livello B1 è il seguente:

	Estensione	Correttezza	Fluenza	Interazione	Coerenza	Punteggio totale
B1	0-6 punti	0-6 punti	0-6 punti	0-6 punti	0-6 punti	0-30 punti

La suddivisione in categorie è utile a una valutazione che sia il più possibile oggettiva e articolata, che affianchi alla tradizionale e monolitica categoria della correttezza altre categorie che rendono conto dei vari aspetti della comunicazione (come l'interazione e la fluenza). Schematizzando e semplificando, si dirà che all'estensione corrisponde grosso modo il dominio del lessico e del registro stilistico, alla correttezza e alla coerenza corrispondono i domini della fonetica, della morfologia e della sintassi, alla fluenza corrisponde il livello generale di sicurezza linguistica e paralinguistica (disinvoltura, velocità e spontaneità del parlato, ecc.), all'interazione corrisponde il dominio della pragmatica (e dunque della capacità di rispondere, domandare, prendere la parola, in modo adeguato alla situazione comunicativa presentata).

I criteri di valutazione della prova *Scrivere*

La correzione e la valutazione delle prove di scrittura sono di esclusiva competenza dell'Ufficio PLIDA, che le affida a un personale specializzato; tutti i Centri certificatori spediscono le prove svolte alla Sede Centrale entro 10 giorni dalla fine dello svolgimento degli esami. Il correttore esaminerà i tuoi testi per dare un voto alla tua competenza nell'italiano scritto. La valutazione fa riferimento a vari descrittori degli aspetti qualitativi dell'uso della lingua scritta ricavabili dal *Quadro comune europeo di riferimento per le lingue*[1] e sintetizzabili nella scala che segue:

LIVELLO B1

Controllo	Correttezza ortografica e morfologica; coerenza semantica (accostamento di significati compatibili).
Pianificazione	Correttezza morfologica e sintattica; coesione; coerenza linguistica interna (omogeneità del registro).
Circostanzialità	Estensione, fluenza, adozione di lessico specifico e/o tecnico.
Interazione	Coerenza tematica; coerenza linguistica esterna (adeguatezza del registro al contesto situazionale)

[1] *Quadro*, cit. Si fa riferimento, in particolare, alle scale ivi riportate alle pp. 77 *(Produzione scritta generale)*, 81 *(Pianificazione)*, 102 *(Interazione scritta generale)*, 119 *(Lavorare su un testo)*, 137 *(Ampiezza del lessico)*, 138 *(Padronanza del lessico)*, 140 *(Correttezza grammaticale)*, 145 *(Padronanza ortografica)*, 153 *(Sviluppo tematico)*, 154 *(Coerenza e coesione)*.

Il punteggio che la certificazione PLIDA attribuisce a ciascuna categoria nel livello B1 è il seguente:

	Controllo	Pianificazione	Circostanzialità	Interazione	Punteggio totale
B1	0-10 punti	0-9 punti	0-5 punti	0-6 punti	0-30 punti

Chi si occupa della correzione della prova scritta registra tutti gli scarti rispetto alla norma dell'italiano standard ma tiene conto solo di quelli che rivelano una lacuna nella competenza richiesta dal livello della prova.

Risultati e certificati

Le prove svolte sono inviate dal Centro Certificatore alla Sede Centrale; qui sono corrette e valutate entro 60 giorni dalla data di arrivo. La Sede Centrale invia al Centro i certificati di tutti i candidati che hanno superato l'esame: sul certificato sono indicati, oltre ai tuoi dati, il livello, i voti che hai ottenuto nelle singole abilità e il punteggio complessivo. Questi dati sono utilizzati unicamente per il rilascio del certificato e non risultano di pubblico dominio ai sensi della legge italiana sulla privacy (D.Lgs. 196/2003).

Se smarrisci o danneggi il tuo certificato puoi richiederne un duplicato alla Sede Centrale pagando il rimborso delle spese di stampa e spedizione.

Ai Centri, che a loro volta informano i candidati nel rispetto della privacy, vengono comunicati anche i risultati ottenuti da chi non ha superato la prova: in particolare, se non hai superato le prove *Ascoltare*, *Leggere* e *Scrivere* puoi chiedere una copia del compito svolto entro 6 mesi dalla data dell'esame.

esercitazioni didattiche

1 _Sottolinea_ _nel testo le lettere che devono essere_ **Maiuscole**_, come nell'esempio._

<u>I</u>l regista giulio base sta realizzando un film sulla storia dell'inno nazionale italiano "fratelli d'italia". dice il regista: "mi sono innamorato pazzamente di questa storia che pochi conoscono, ma che è davvero fantastica". il film nasce dal libro "fratelli d'italia, la vera storia dell'inno di mameli" di tricamo e zagoni. l'inno fu presentato da goffredo mameli nel 1847. mameli fu un poeta-combattente, dalla vita avventurosa e affascinante. partecipò come volontario alla prima guerra d'indipendenza (1848-49) e morì a soli 22 anni. secondo giulio base, il film farà apprezzare e conoscere davvero quello che mameli intitolò "il canto degli italiani".

(adattato da "Oggitalia" - www.elimagazines.com)

2 _Inserisci gli_ **articoli determinativi** _o_ **indeterminativi**_, come negli esempi._

Trentino. Sopra <u>le</u> aspettative

Siete a ____ passo dal comprenderlo. ____ passo decisivo da compiere per provare ____ stato di benessere molto particolare, è ____ primo di ____ passeggiata tra ____ favolose montagne e ____ incantevoli boschi del Trentino. ____ percorsi da fare sono innumerevoli, ma tutti segnati sulle cartine, così come ____ laghi da scoprire e ____ straordinari rifugi da visitare. Così può capitare che quello che vediamo superi letteralmente ____ sguardo, per godersi ____ grandi paesaggi dolomitici.

(adattato da "Oggitalia" - www.elimagazines.com)

Bolzano, il mercatino di Natale

Bolzano, _una_ bellissima città quasi al confine con ____ Austria, durante il periodo natalizio diventa davvero speciale. Qui c'è ____ _Christkindlmarkt_, ___ bellissimo mercatino natalizio, tra ____ più belli d'Italia, ricchissimo di luci, colori, musiche e profumi di dolci!
Dura ____ mese, in genere dal 23 novembre al 23 dicembre. Potete trovare qui tutto quello che vi serve per decorare ____ vostra casa per le feste, dalle statuine del presepe fino alle luci: tutto esclusivamente artigianale e di produzione locale.
____ mercatino si trova in piazza Walther, dove ____ espositori e ____ artigiani sono ospitati in suggestive casette di legno.
È anche possibile ascoltare nelle chiese e nelle piazze di Bolzano ____ musiche tradizionali, ____ suonatori di corno, ____ bande musicali, ____ cantastorie e ____ narratori di fiabe. C'è anche ____ presepe vivente. ____ posto migliore dove tornare bambini.

(adattato da "Oggitalia" - www.elimagazines.com)

3 *Completa il testo inserendo negli spazi ____ gli **articoli determinativi** o **indeterminativi**, e scrivi le vocali finali degli **aggettivi** negli spazi ...., come negli esempi.*

Roma EPolis

Giocare insieme nella città dei **bambini**

Per crescere bene, ogni bambino deve disporre di *un* ambiente san.*o.*, di ____ buon... alimentazione, di ____ accurat... igiene e di ____ buon riposo. Ma ciò non basta, ogni piccol... essere uman... ha anche bisogno di stimoli estern..., amore e gioco, indispensabil... per assicurargli nel futuro, ____ inserimento armonios... nella società. ____ amore viene dato principalmente dai genitori e da tutt... ____ persone che entrano con regolarità nel mondo del bambino: nonni, *baby sitter*, assistenti all'infanzia, ecc.

____ gioco è ____ second... stimolo per ____ buon... crescita del bambino, ____ più important... attività sin dalle prime settimane di vita. Indispensabil... al su... sviluppo psicofisic..., ____ attività ludic... è ____

strumento essenzial... per ____ crescita del bambino. Attraverso ____ gioco il bambino impara ____ colori, ____ forme, ____ spazio, fa esperimenti, stimola ____ curiosità e ____ fantasia. Attraverso ____ gioco si confronta, affronta ____ su... prim... sfide, supera ____ su... limiti, assapora ____ gioia delle prim... conquiste e impara ____ prim... regole di comportamento.

Ecco perché è necessario che ____ giornata di ogni bimbo, dalla nascita alla adolescenza, preveda momenti e luoghi adatt... al gioco, durante i quali potrà cimentarsi con ____ mondo e sviluppare ____ su... abilità. ____ ludoteca è quest... luogo. Nello stess... modo in cui si trovano libri in biblioteca, in ludoteca, si trovano giochi. Ma a differenza della biblioteca, ____ ludoteca è ____

ambiente fatto su misura per ____ bambini, ____ luogo dove possono crescere. È ____ luogo magic..., pien... di curiosità e stimoli, organizzato per rispondere alle esigenze di flessibilità proprie dell'infanzia: si può giocare e incontrare altr... piccol... amici. È ____ luogo della creatività e del confronto dove, in funzione del propri... ritmo e carattere, si può passare dal puzzle al pallone, dallo scivolo alle attività di laboratorio. In ____ parola, è ____ città dei bambini.

(www.epolisroma.it)

4 a *Completa il testo con gli **articoli determinativi** e **indeterminativi**, come nell'esempio.*

Musica e beneficenza: cosa ne pensano alcuni musicisti italiani

" _I_ pubblicitari sono sempre alla ricerca di cantanti per vendere ＿＿ loro bibite e ＿＿ loro telefonini, perché sanno che niente come ＿＿ canzone riesce a bucare ＿＿ muro dell'immaginario", dice Jovanotti che prima di aderire al Live8 ci ha pensato bene. "È lo stesso per ＿＿ beneficenza. Si usa ＿＿ musica per fare pubblicità a quella che può essere ＿＿ buona idea. Tutto è cambiato con ＿＿ Live Aid: quel concerto è stato l'inizio di ＿＿ rivoluzione dei contenuti, ＿＿ matrimonio fra armonia e idealismo".

4 b *Il testo continua. <u>Sottolinea</u> l'**articolo** o la **preposizione** corretti, come nell'esempio.*

Anche Pier, **il/un** cantante del gruppo dei Velvet è a favore di **l'/un** evento come **il/un** Live8. "**I/Dei** concerti di beneficenza come **il/un** Live Aid vanno bene, perché è possibile fare pressione su **un/il** tema preciso. Al Live8 era importante esserci perché forse il rock non cambia **un/il** mondo, però può porre **delle/le** domande. **Una/La** risposta efficace potrebbe essere **una/la** diffusione del commercio equo e solidale. In questo modo si può impedire **lo/uno** sfruttamento dei lavoratori nei paesi in via di sviluppo".

4 c *Il testo continua. In ogni riga manca un **articolo**: scegli quello giusto fra i tre nella colonna a destra e inseriscilo nel testo, come nell'esempio.*

Piero Pelù al Live Aid c'era, ma preferisce _un_ altro tipo di impegno.	**_un_/l'/le**
"Devo dire che parola beneficenza non mi piace:	le/la/una
sono molto più efficaci operazioni di solidarietà,	una/le/o
che richiedono a tutti sincera anima di partecipazione,	una/l'/i
e partecipazione nel tempo (cioè non semplicemente occasionale)	l'/la/una
che è cosa molto, molto importante.	un/una/la
Secondo me, al Live8 si è persa occasione	un'/un/le
per grande raccolta di soldi per costruire scuole, ospedali o pozzi.	le/i/una
I Subsonica, altro importante gruppo italiano,	lo/il/un
avevano sin dall'inizio idee chiare e al Live8 non ci sono andati.	gli/le/un'
"manifestazioni di beneficenza occasionale non ci piacciono,	gli/delle/le
nostre posizioni le esprimiamo in modo chiaro e diretto:	un/le/delle
ad esempio nostra dichiarazione contro	la/una/un'
le guerre recenti o iniziative contro la destra".	la/delle/le

(xl.repubblica.it)

5 *Inserisci gli **articoli partitivi** nella lista della spesa della signora Gabriella, come nell'esempio.*

- _del_ pane
- _____ bistecche
- _____ olio
- _____ nutella
- _____ latte
- _____ pesce
- _____ biscotti

- _____ pesche
- _____ aceto
- _____ limoni
- _____ burro
- _____ cocomero
- _____ pasta
- _____ insalata

- _____ spaghetti
- _____ pomodori
- _____ formaggi
- _____ asparagi
- _____ surgelati
- _____ melanzane

6 *Completa il testo con gli **articoli partitivi**.*

Il frutto dell'amore

Le fragole hanno qualcosa di divino e di passionale: il mito narra che quando Adone morì, Venere pianse calde lacrime che, cadendo a terra, si trasformarono creando _____ piccoli cuori rossi. Le lacrime di Venere o il "cibo da fate", come le definiva Shakespeare, sono veramente un frutto speciale, con quel profumo intenso da cui deriva il nome romano: *fragrans*. Tenera e carnosa, dolce e acidula insieme, la fragola rende prestigioso ogni dessert, delizia senza rivali per fare _____ torte, _____ gelati, _____ creme e _____ sorbetti. E basta _____ zucchero, _____ limone, _____ liquore o _____ panna per farne un'assoluta protagonista.

Utilizzata in cucina per preparare _____ succhi, _____ sciroppi, _____ gelatine, _____ budini, _____ marmellate e _____ confetture, ora la fragola viene riscoperta dai *gourmet* per ogni tipo di piatto a cui conferisce una nota preziosa: un'insalata mista o un primo piatto o un secondo di carne e pesce, oppure condite con _____ aceto balsamico.

(adattato da *www.nuovoconsumo.it*)

7 *Completa il testo con gli **aggettivi possessivi** e, dove necessario, metti anche l'**articolo**, come nell'esempio.*

La famiglia di Pietro

Ho una famiglia numerosa, ed ho un ottimo rapporto con _i miei_ genitori e con _____ fratelli. Ho 2 sorelle e un fratello più piccolo. _____ sorelline si chiamano Elena e Alice, e sono piccole e pettegole. Giocano ancora con le bambole. _____ madre fa la casalinga e _____ padre l' impiegato. _____ lavoro è monotono, e quindi si è trovato un *hobby* che lo appassiona: dipinge e lavora il legno. _____ opere sono abbastanza brutte, però lui è contento così. Anche _____ madre ha molti passatempi: il mercoledì pomeriggio gioca a ramino con

_____ amiche; il venerdì va ad un corso di recitazione e la domenica fa i dolci per una pasticceria. _____ dolci hanno sempre un pizzico di originalità. Viviamo insieme in una grande casa a Napoli. Vicino a noi abita Antonio, _____ zio. Antonio è il primo dei 4 fratelli di _____ padre. È sposato con zia Mariella, ed hanno 2 figli, Giovanna e Sandrino. _____ casa è meravigliosa perché c'è un terrazzo grandissimo e un tavolo da ping pong. _____ partite finiscono sempre male, perché litighiamo sul punteggio. Nonostante ciò, Sandrino è _____ cugino preferito! Sono anche molto affezionato a zia Anna, la sorella più grande di papà. È lei che mi ha battezzato, è _____ madrina. Zia Anna è una donna dolce e simpatica, ha 52 anni e non è sposata. _____ casa, però, è sempre piena di animali. In questo periodo ha un gatto siamese bellissimo, due cani e una gabbia dove ci sono ben 4 uccelli. _____ nonni invece vivono lontano, abitano a Marghera, vicino Venezia. _____ nonno Pietro è un uomo alto e grosso, fuma la pipa e porta sempre il cappello, anche d'estate. Nonna Ada è una signora piccola e gentile. In occasione delle feste ci incontriamo tutti a casa _____ a Marghera.

8 a *Completa le frasi che seguono con le parole **poco, molto, tanto e troppo**, accordandole con il nome, se necessario, come negli esempi. Attenzione! Possono essere **aggettivi, pronomi indefiniti** o **avverbi**.*

POCO
1) Fa male bere _poca_ acqua.
2) In Italia, al sud, nevica _____.
3) In vita mia sono andata a sciare _____ volte.
4) Pietro mi ha chiesto un prestito: è rimasto con _____ soldi.
5) ■ Ancora non hai smesso di fumare! Ma quante sigarette fumi?
   ○ Ormai ne fumo veramente _____! Cinque o sei al giorno.

MOLTO
1) _____ mie amiche fumano ma vorrebbero smettere.
2) La ragazza di Paolo è _molto_ simpatica.
3) Oggi i giovani si sposano _____ tardi.
4) Mi costa _____ fatica tenere la casa in ordine perché è _____ grande.
5) A Roma vivono _____ immigrati.

TANTO
1) Quest'anno il mio albero ha fatto _____ limoni.
2) Ho studiato _____ per l'esame di fisica.
3) Nel mondo ci sono ancora _____ persone che muoiono di fame.
4) Con Giacomo ci vuole _____ pazienza, è un bambino vivace.
5) Ieri Nino ha mangiato un sacco di cozze. Ne ha mangiate davvero _____!

TROPPO
1) Quest'anno non comprerò altre scarpe estive, ne ho _____.
2) Ho _____ vestiti nell'armadio. Non ne comprerò altri.
3) _____ persone usano la macchina in città.
4) Ho mangiato _____ velocemente.
5) Ieri ho bevuto _____. Ora ho un forte mal di testa.

8b *Sistema nella tabella tutti gli* **indefiniti** *che hai inserito nell'esercizio precedente, come nell'esempio.*

Avverbi	Aggettivi	Pronomi
molto simpatica	*poca acqua*	

9 *Completa le parole* **molto**, **tanto** *e* **tutto** *con la* **vocale** *finale.* <u>*Sottolinea*</u>*, inoltre, la forma giusta tra* **migliore** *e* **meglio**, *come negli esempi.*

Arrivano le vacanze per **tutt<u>*i*</u>** i **bambini**

Campi estivi vicino o lontano da casa, **tant__** ore di divertimento e di sport in città, vacanze-avventura senza mamma e papà. Le ferie dei più piccoli, un'occasione di crescita per **tutt__** la famiglia.

E ora per mamma e papà comincia la vera fatica. Finita la scuola, il tempo libero dei figli si moltiplica a dismisura e cercare delle valide alternative agli impegni del fitto calendario invernale per **molt__** è quasi un obbligo. Per fortuna la gamma delle possibilità "estive" a disposizione delle famiglie è **molt__** ampia e comprende **tant__** soluzioni diverse sia in base alle fasce d'età che al gusto dei piccoli vacanzieri. Per esempio, ci sono **tant__** grandi e piccoli comuni che organizzano centri estivi per ragazzi: da metà giugno fino alla fine di agosto, funzionano dal lunedì al venerdì per **tutt__** la giornata. Gravati **tutt__** l'anno scolastico da impegni ben definiti, i bambini del Terzo Millennio, sentono ancora più urgente il bisogno di una bella vacanza. "Anche per loro l'estate rappresenta il sogno, spesso ciò che non possono fare durante **tutt__** l'anno. La vacanza deve essere la realizzazione di questo sogno e non il modo **meglio**/<u>***migliore***</u> per i genitori di "liberarsi" dei figli – spiega Franco Frabboni, preside della Facoltà di Scienze della Formazione dell' Università di Bologna. Per questo è **meglio/migliore** discutere prima con i diretti interessati la struttura e la proposta formativa da scegliere, in modo che la decisione finale sia condivisa". Allora quali criteri seguire per scegliere la vacanza **meglio/migliore** per i propri figli? "Certamente bisogna evitare di sostituire l'asfissiante modello scolastico con uno altrettanto soffocante – risponde il professore. Positiva può essere la dimensione avventurosa: la scoperta e il contatto con la natura sono un' esperienza che manca sempre di più ai bambini di città". Altro elemento **molt__** importante nella scelta della vacanza estiva è l'età: "Tra i 3 e i 6 anni la soluzione **meglio/migliore** è l'esperienza giornaliera. A quest'età l'allontanamento dalla famiglia potrebbe trasformarsi addirittura in uno *shock*. Per i più grandi, invece, si possono sperimentare formule di autonomia via via crescente". In **molt__** casi, poi, queste esperienze vacanziere possono essere un modo per imparare a conoscere **meglio/migliore** i figli.

(adattato da *www.nuovoconsumo.it*)

10 *Collega le frasi della colonna di sinistra a quelle della colonna di destra, e <u>sottolinea</u> le forme del* **superlativo** *e del* **comparativo**, *come nell'esempio.*

a) Che posto stupendo avete trovato. C'è un panorama incantevole.	1. Guarda, ti assicuro che l'Africa è un posto più affascinante di molte altre mete europee.
b) Vieni con noi al cinema stasera? C'è "Il caimano" di Moretti.	2. Beh, di certo è più bravo a modellare che a parlare. Ma mi piace lo stesso.
c) Ma tu hai incontrato la nuova studentessa?	3. Molto. L'unico problema era la pensione: aveva camere piccole piccole.
d) Non invito più Mario. Mi sta un po' antipatico.	4. No, io non vengo. Per me i suoi film sono noiosissimi.
e) Ho letto l'ultimo libro di Tiziano Scarpa. È davvero bello!	5. Purtroppo no, c'era una fila lunghissima!
f) Franco è un ottimo artigiano! Anche se è un po' scontroso.	6. Mah, sono scettico. Per tutti gli americani che conosco, il *basket* o il *football* sono infinitamente più divertenti del calcio.
g) È arrivato un nuovo collega. L'hai conosciuto?	7. Sì, è come lo sognavamo: ***<u>più alberi che uomini!</u>***
h) Gli americani cominciano a seguire il calcio.	8. Ho capito. È più bello di te, e tu sei geloso di Virginia.
i) Stasera guardiamo a casa nostra il DVD dell'ultimo film di Bellocchio. Vuoi venire?	9. È tutto felice. Sembra un bimbo con il suo giocattolo.
l) Siete riusciti ad entrare agli Uffizi?	10. Sì, e mi ha fatto una buona impressione. Anche se mi sembra più efficiente che aperto e disponibile.
m) Vieni, ti faccio vedere il regalo che mi ha fatto Graziella. Non è bellissimo?	11. Sì, l'ho letto anch'io. Però tra i giovani scrittori, più interessante di lui mi pare Nicola Lagioia.
n) Sei mai stato a Torino?	12. No, purtroppo no. Da Palermo è lontanissima.
o) Guarda Paolo come pulisce la sua auto nuova!	13. No, grazie. L'ho già visto. E poi secondo me è molto più stimolante vedere un film al cinema che guardarlo in Tv.
p) È stata divertente la vacanza in Sardegna?	14. Veramente bello! Però sinceramente non capisco perché lei è più generosa con te che con me!
q) Sai che la tua descrizione dell'Africa ci ha letteralmente stregato?	15. Eh, sì. È anche più bella di Meredith.

11 *Indica a chi o a che cosa si riferiscono i* **pronomi** *sottolineati nel testo, come negli esempi.*

Cara Michela,

scusa se **ti** scrivo solo ora, ma ho passato un periodo terribile. Prima cosa: ho cambiato casa e puoi immaginare che confusione. **Lo** sai, io ho pochi soldi. Così per il trasloco non ho affittato un camion, ma l'ho fatto tutto da sola, anche con l'aiuto di qualche amico. È incredibile quante cose ci sono in una casa! Sono salita in soffitta e ho ritrovato anche i pattini che hai dimenticato qui! **Te li** spedisco?

Seconda cosa: io e Fabio ci siamo lasciati. Era troppo geloso. Mi chiedeva chi avevo visto, se mi aveva telefonato qualcuno. Controllava persino la mia borsa! Questa cosa non gliel'ho perdonata! Quando l'ho scoperto gli ho detto di non farsi più vedere. È stato difficile ma ora va già un po' meglio, anche perché mi sono resa conto che eravamo troppo diversi e la convivenza era un vero disastro. Fabio è il tipico uomo che non sa fare niente dentro casa. Secondo te, ha mai pulito l'appartamento? No, non l'ha mai fatto. Forse pensava di vivere con una seconda mamma! Beh, si sbagliava a pensarlo. Altra novità: ieri sono arrivati i miei amici australiani. Te li ricordi? Resteranno qui per un po' di tempo per cercare lavoro ed, eventualmente, trasferirsi.

E tu che mi dici di bello? Come va la vita a Viareggio? Tu e Giacomo vi siete laureati? Sei poi andata a vedere lo spettacolo dei Momix? Io ancora no: mi hanno detto che è molto bello. Pensavo di venirti a trovare per il carnevale. Aspetto tue notizie. Ti abbraccio.

Bacioni

Giusy

Michela

questo

i pattini

Michela

12 *Completa le frasi con i **pronomi personali**, e collega le frasi della colonna sinistra a quelle della colonna destra, come nell'esempio.*

1) Ascolti spesso la radio?	a) Credo che ____ vedrò sabato sera.
2) Avete rinnovato il passaporto?	b) ____ devo fare la prossima settimana.
3) Hai più visto Carla?	c) _L'_ascolto solo in macchina.
4) Ma quanti cd hai!	d) Sì, ____ ha chiamata ieri.
5) Sara dov'è?	e) Non ci crederai. ____ ho fatto io!
6) Dove passerai le vacanze?	f) È all'asilo. Ora vado a prender____.
7) Che buono questo gelato!	g) Un sacco, ____ ho comprati in offerta a 6 euro l'uno.
8) Gianni voleva un consiglio. Ti ha chiamata?	h) Sì, ma ____ dobbiamo ritirare nei prossimi giorni.
9) Hai visto Anna? Si è tagliata i capelli!	i) ____ passerò in Liguria e in Trentino.
10) Hai fatto l'esame per la patente?	l) Sì, ____ ha tagliati a zero.

13 *Completa le frasi con i **pronomi diretti**.*

1) Se hai delle scarpe che ti stringono ____ devi riempire con dei giornali bagnati e ____ devi tenere così per una notte.

2) Se hai il singhiozzo e ____ vuoi far passare devi trattenere il respiro.

3) Se vuoi avere i vetri delle finestre splendenti ____ devi pulire con un giornale bagnato.

4) Se ti bruci con il ferro da stiro devi prendere subito una patata, ____ devi sbucciare e ____ devi tenere sulla parte dolorante per qualche minuto.

5) Se hai pulito dei carciofi e le tue dita sono nere, ____ devi pulire con il succo di limone.

6) Se hai mal di testa ____ puoi far passare dormendo.

7) Se vuoi fare un caffè buono, la caffettiera non ____ devi lavare con il sapone.

8) Se non vuoi avere dei bambini capricciosi, non ____ devi viziare.

9) Se stasera non puoi passare da nonna, allora ____ devi telefonare a casa.

10) Se vuoi passare l'esame, ____ devi preparare bene prima.

14 *Riscrivi le frasi cambiando la posizione dei **pronomi diretti**, come nell'esempio.*

1) Se hai delle scarpe che ti stringono le devi riempire con dei giornali bagnati e le devi tenere così per una notte.

   *Se hai delle scarpe che ti stringono devi riempir**le** con dei giornali bagnati e devi tener**le** così per una notte.*

2) Se hai il singhiozzo e lo vuoi far passare devi trattenere il respiro.

   _____

3) Se vuoi avere i vetri delle finestre splendenti li devi pulire con un giornale bagnato.

   _____

4) Se ti bruci con il ferro da stiro devi prendere subito una patata, la devi sbucciare e la devi tenere sulla parte dolorante per qualche minuto.

   _____

   _____

5) Se hai pulito dei carciofi e le tue dita sono nere, le devi pulire con il succo di limone.

   _____

6) Se hai mal di testa lo puoi far passare dormendo.

   _____

7) Se vuoi fare un caffè buono, la caffettiera non la devi lavare con il sapone.

   _____

8) Se non vuoi avere dei bambini capricciosi, non li devi viziare.

   _____

9) Se stasera non puoi passare da nonna, allora le devi telefonare a casa.

   _____

10) Se vuoi passare l'esame, lo devi preparare bene prima!

   _____

15 *Riscrivi le frasi sostituendo alla parte <u>sottolineata</u> il **pronome indiretto**, come nell'esempio.*

1) Voglio molto bene <u>ai miei genitori</u>.

   Gli voglio molto bene.

2) Mi raccomando, non devi chiedere <u>a Paola</u> la sua età!

   _____

3) Ieri Antonio ha chiesto <u>a Loredana</u> di sposarlo.

   _____

4) Marcello ha avuto il coraggio di dire <u>a me</u> che arrivo sempre tardi.

   _____

5) Il professor De Giacomi deve dire <u>a noi</u> una cosa importante per l'esame. Andiamo a parlare <u>a lui</u> questo pomeriggio, ma è meglio telefonare <u>a lui</u> prima.

_____

_____

6) Cari Paola e Andrea, devo dare <u>a voi</u> una bella notizia: aspetto un bambino!

_____

7) Antonio ha chiesto <u>alle sue zie</u> di preparare <u>a lui</u> i dolci per il matrimonio.

_____

8) La cartomante ha letto la mano <u>a me</u> e ha detto <u>a me</u> che avrò fortuna in amore.

_____

9) Perché chiedi <u>a me</u> che cosa ha detto <u>a lei</u> il dottore?

_____

10) Dì <u>a lui</u> che deve portare <u>a loro</u> questi fiori come regalo.

_____

16 *Completa il testo con i seguenti **pronomi personali**. Attenzione! Non sono in ordine.*

oggetto diretto	l' - l'- l'- la - li - lo - lo - lo - lo - lo - mi - mi - mi - mi - mi - mi mi - mi - ti
oggetto indiretto	gli - gli - gli - le - le - mi - mi - mi - mi
dopo preposizione	a me - con lei - da te - di me - di lui - di me
riflessivi	ci - mi - mi - si
doppi	ce lo - glielo - me la - me lo
soggetto	io - io - lui - tu

LA POSTA DI ANNA

PRIMA MI LASCIA E POI TORNA. E L'AMICA MI ABBANDONA

Io _____ amavo, e davvero _____ volevo un bene dell'anima. Poi lui, dopo due anni, _____ lascia, e sparisce con un sms che dice (ancora _____ conservo): "Scusa_____. Tornerò quando capirò cosa voglio veramente _____ _____. Perdona_____, se puoi". _____ provo a chiamar_____, a parlar_____, e lui non si trova (o non si fa trovare, non _____ ho mai capito bene). Ma come! Non è possibile, _____ amavamo tanto. Lui fino al giorno prima _____ diceva che era innamoratissimo, che non poteva stare senza _____ _____, e poi è sparito nel nulla. Non puoi capire quanto sono stata male. Il dolore _____ ha letteralmente distrutta, credevo di morire, anzi ho proprio pensato di suicidar_____. E ti assicuro che per un certo periodo volevo far_____ veramente. Per fortuna accanto _____ _____ in quel periodo c'era una mia cara amica che ha sopportato i miei pianti e i miei deliri. _____ ha ascoltati tutti. Così abbiamo passato tutte e due dei mesi a parlare male _____ _____ (non _____ chiamavamo nemmeno più per nome, ma solo "l'infame"), e la mia amica _____ ascoltava e _____ raccontavo tutte le mie sofferenze. E poi è successo l'incredibile! _____, l'ex infame è improvvisamente tornato, e _____ dice che _____ ama e che non può vivere senza _____ _____. E _____ che faccio? Dopo un paio di giorni _____

dico anch'io, cioè _____ dico che lo amo, e che non ho mai smesso di amar_____. E quindi ora stiamo di nuovo insieme, felicemente insieme. Sì, stiamo bene, benissimo e _____ _____ diciamo continuamente. Ora però i miei problemi sono altri. Infatti, è successo che la mia cara amica non _____ vuole vedere più, _____ è offesa. Lei dice che _____ ho ingannata, e che non vuole più nemmeno parlar_____ per telefono. Appena _____ chiamo

mi attacca il telefono in faccia. Non riesco a capire questo suo atteggiamento, non _____ _____ spiego. Che cosa _____ ho fatto? Prima _____ era così vicina, io _____ confidavo _____ _____, e ora è completamente sparita. _____ prego Barbara, aiuta_____ a capire questa situazione assurda, spiega _____ _____ perché io non ci riesco. Dove ho sbagliato con lei?

Jessica

(adattato da "A, Anna")

17 Leggi le frasi della colonna sinistra, e indica su quella di destra se i **pronomi** sono corretti. Se ci sono errori correggili, come nell'esempio.

1. Non ha chiamatoti. E tu lo ignora!	1. ( ) Frase giusta – (X) Frase errata, deve essere: *Non ti ha chiamato. E tu ignoralo!*
2. Non devi dimenticarlo, domani è il compleanno di Franco. Fagli gli auguri!	2. ( ) Frase giusta – ( ) Frase errata, deve essere: _____
3. Se vuoi lo chiamo io, e poi lo te passo. Gli di' che ce venga a prendere alle otto.	3. ( ) Frase giusta – ( ) Frase errata, deve essere: _____
4. Comunque dilelo che ti sta facendo soffrire!	4. ( ) Frase giusta – ( ) Frase errata, deve essere: _____
5. Ma non riesci a capire che il tuo capo non può trattarti così?	5. ( ) Frase giusta – ( ) Frase errata, deve essere: _____
6. Sì, tu ami lo, però lui te tradisce e tu gli perdoni ogni volta!	6. ( ) Frase giusta – ( ) Frase errata, deve essere: _____
7. Te l'ho detto che qui a Bologna tu si saresti trovata bene.	7. ( ) Frase giusta – ( ) Frase errata, deve essere: _____
8. Ad Anna ricordagli che deve te ridare la macchina fotografica.	8. ( ) Frase giusta – ( ) Frase errata, deve essere: _____
9. Quella tua borsa nuova mi lo presti sabato prossimo?	9. ( ) Frase giusta – ( ) Frase errata, deve essere: _____
10. Di le lo a Maria di non arrivare tardi come al solito.	10. ( ) Frase giusta – ( ) Frase errata, deve essere: _____

18 *Riscrivi le parti <u>sottolineate</u> dei testi usando i pronomi:* **oggetto diretto**, **oggetto indiretto**, **riflessivi** *e* **combinati***. Attenzione alla posizione del* **pronome***, e alla concordanza* **participio – pronome***.*

1) □ Sai che Luisa si sposa?
    ◉ Ho incontrato <u>lei</u> un paio di giorni fa, ma non ha detto <u>a me</u> <u>questo</u>.
    E chiedo <u>a me</u> perché a te ha detto <u>questo</u>, e a me invece no.

    _____

    _____

    _____

2) Bè, lei ha telefonato <u>a me</u> non più di tre o quattro giorni fa, e ha comunicato <u>a me</u> la notizia. Comunque se sei arrabbiato con lei di' <u>a lei</u> <u>questo</u>!

    _____

    _____

3) □ Ma no, non voglio farne un dramma. Certo che però potevi anche dire <u>a me</u> <u>questo</u>!
    ◉ Volevo dire <u>a te</u> <u>questo</u>, giuro <u>a te</u> <u>questo</u>!

    _____

    _____

4) Buongiorno Sandro.
    Siccome stamattina non lavori, scrivo <u>a te</u> alcune cose che devi fare.
    Ricorda <u>a te</u> queste cose:
    - ritira il tuo vestito. Io ho portato <u>il vestito</u> in tintoria due giorni fa.
    - porta a Carlo i suoi cd. Lui vuole <u>i cd</u> entro oggi perché servono <u>a lui</u>.
    - prepara la colazione alle bambine. Ricordati che vogliono fare <u>la colazione</u> con la torta di ieri!
    - la macchina ha un faro rotto. Se hai tempo, porta <u>la macchina</u> dal meccanico, per piacere.
    - ah, chiama Giulio. Ieri cercava <u>te</u>, forse non ho detto <u>a te</u> <u>questo</u>, scusa.
    Va bene, basta. E buona giornata amore mio!!

    _____

    _____

    _____

    _____

    _____

5) È una notizia incredibile! Io ho letto <u>la notizia</u> stamattina, ma sono ancora sconvolta. Io conoscevo <u>lui</u>, ma non pensavo che avesse altre due mogli!! Faranno vedere <u>lui</u> anche al telegiornale dell'una. Ma Giovanna saprà <u>questo</u>? Telefoniamo <u>a lei</u>.

    _____

    _____

    _____

    _____

6) Nel pomeriggio incontro Tommaso e Valerio per parlare <u>a Tommaso e Valerio</u> del viaggio che abbiamo progettato insieme. Voglio convincere <u>Tommaso e Valerio</u> a rinviare il <u>viaggio</u>.

    _____

    _____

7) Senti, ieri ha telefonato tuo padre. Mi ha detto se richiami <u>tuo padre</u>. Fai <u>questo</u>, deve essere importante!

_____

_____

8) Linuccio guarda <u>me</u> in faccia. Di <u>a me</u> la verità, prima che arrivi tuo padre. O vuoi che io dica <u>a lui</u> che hai preso un brutto voto a scuola?

_____

_____

9) No, guarda non conviene <u>a te</u> venire. Abbiamo tutti l'influenza. È stato Gino che ha passato <u>a noi questa</u>!

_____

_____

10) Sì, ripeto <u>a voi questo</u>, è un'occasione unica: un volo *low cost* per Lisbona. Ci divertiremo tanto e spenderemo poco. E voi vi riposerete dopo il trasloco. Sembra <u>a noi</u> una splendida possibilità. Pensateci se volete venire, e dite <u>a noi questo</u> in fretta!

_____

_____

_____

_____

11) ☐ Guardi, dico <u>a lei</u> che andavo piano. Non superavo i 50 km all'ora!
   ◉ Signora, superava <u>i 50 km all'ora</u> di sicuro. Dispiace <u>a me</u>, ma devo fare <u>a lei</u> la multa!

_____

_____

19 *In queste frasi alcuni* **pronomi** *sono sbagliati, correggili.*

1) Non ho voglia di stare a casa, stasera esco con tu.
2) Gianni ha problemi con il computer. Puoi aiutarelo?
3) Ieri sera c'è stato il concerto di Carmen Consoli. La hai visto?
4) A mamma oggi serve la macchina. Le la porti tu?
5) Questo caldo è terribile! Non si sopporto più!
6) Me sono piaciuti molto gli spaghetti che ha cucinato ieri Marco.
7) Hai mai visto Verona? Se vieni qui da noi ce la facciamo conoscere.
8) Lei piace molto pattinare sul ghiaccio.
9) Io e Ida ce vediamo un film stasera. Ti vieni?
10) Stamattina io sono svegliato presto per colpa delle zanzare.
11) Ho un nuovo numero di cellulare. Ti lo do?
12) Non trovo le scarpe rosse. Per caso, loro hai viste?
13) Non lo ti posso dire. Carlo non vuole che lo dica, glilo ho promesso.
14) I cd li si porto oggi, o ti li restituisco domani a scuola?
15) Laura ha bisogno di un dottore. Chiama lui subito, mi raccomando.

20 *Completa il testo con i pronomi* **soggetto**, **oggetto diretto** *e* **indiretto**, **riflessivi** *e* **combinati**.

```
● ○ ○                          Nuovo messaggio                          ⬭

Invia   Chat   Allega   Rubrica   Font   Colori   Registra bozza

      A: marina@telnet.it

☰▾  Oggetto: Natale
```

Cara Marina,

ho atteso un po', ma come vedi _____ rispondo. Come stai? A Milano c'è sempre quel caos tipico del Natale? _____ chiedo come fai a fare i regali di Natale solo una settimana prima. Non ti stressa far_____ all'ultimo momento? Beh, come sai, _____ _____ faccio almeno due o tre mesi prima. _____ piace scegliere il regalo più adatto per ognuno. In questi giorni Gianni mi ha chiesto di aiutar_____. Vuole che io _____ consigli quali regali comprare per i suoi amici.

Senti, ma stai ancora insieme a Simone? È sempre simpatico e dolce come quando _____ hai conosciuto? _____ ricordi quando per anni ed anni dicevi che non avresti mai trovato il grande amore e _____ disperavi? Io _____ dicevo di avere pazienza, che prima o poi _____ avresti incontrato. E così è stato. Anzi, questa cosa _____ raccontavo proprio due giorni fa a Caterina. A proposito, avete deciso cosa fate a Capodanno? _____ andremo con degli amici a Praga. Stiamo lì cinque giorni, dal 28 fino al primo gennaio. E _____? Siete sempre intenzionati ad andare con Elena e i suoi amici in quell'agriturismo?

Beh, ora _____ saluto e _____ abbraccio.

P.S. : _____ puoi dare l'e-mail di Simone? So che ___ ___ ho già chiesta un mese fa, ma _____ ho persa. Sono distratta, _____ sai. _____ voglio chiedere di quel corso che _____ frequenta all'Università sulle tecniche della comunicazione giornalistica. Sto pensando di iscriver_____. Potrei frequentar_____ a distanza. Beh, vediamo che notizie _____ darà.

Un bacione

Alice

21a *Distingui i **"che" congiunzione** e i **"che" pronome relativo** che sono stati <u>sottolineati</u> nel testo e inseriscili nello schema in basso, come negli esempi.*

Tutte le armi della **seduzione** tra **istinto** e **strategia**

È vero *che* la sensualità fa parte di noi, ma è anche vero che è importante lavorare sulle proprie qualità naturali. In questo modo si può imparare qualche semplice trucco per essere più seducenti, cioè per esprimere la seduzione *che* ognuno naturalmente esercita.

Innanzitutto, è bene ricordarsi che è fondamentale esercitare la propria fisicità. Il linguaggio del corpo è più esplicito di mille parole. Lo sanno bene gli uccelli, gli insetti e i mammiferi che nel corteggiamento usano strategie imbattibili. C'è l'insetto che emette profumi irresistibili, c'è il mammifero che si esibisce in piroette acrobatiche e c'è l'uccello che compie danze armoniose e produce melodie incantevoli. E così fanno uomini e donne che curano molto l'aspetto fisico, o scelgono con attenzione un profumo. Dunque, anche per gli esseri umani sono molto importanti la voce, il tatto, gli odori e i sapori. Tutti ingredienti che sono essenziali all'arte della seduzione. Ad esempio, uno sguardo che dà espressione e luce al viso può accendere in un attimo la passione, o una mano che tocca il braccio del nostro "oggetto d'amore" è un segnale concreto di attrazione.

Non bisogna poi dimenticare la postura, cioè le posizioni del nostro corpo che nella comunicazione non verbale sono essenziali. Pensiamo alle lucertole che si gonfiano per sembrare più grandi e potenti. Beh, anche gli uomini fanno delle cose simili. Pensiamo a quei maschi che gonfiano il torace e tirano dentro la pancia per sembrare più interessanti. Ma in realtà non dimentichiamo che i comportamenti più efficaci sono quelli

meno aggressivi: sorridere, parlare a bassa voce, avere la faccia tranquilla e distesa, sedersi a gambe leggermente aperte.

Naturalmente, tutti possiamo anche usare strumenti più raffinati: una cena a lume di candela, un biglietto romantico, o delle frasi galanti. Questi sono piccoli trucchi che possono aiutare il naturale *sex appeal* che ogni persona possiede.

(www.nuovoconsumo.it)

Che (congiunzione)	Che (pronome relativo)
È vero <u>che</u>	*la seduzione <u>che</u> ognuno esercita*

21b *Indica per ogni **"che" pronome relativo** a chi o a cosa si riferisce nel testo, come nell'esempio.*

Che	A chi o a cosa si riferisce
*la seduzione **che** ognuno esercita*	*la seduzione*

21c *Distingui nella tabella i **"che" pronome relativo** a seconda che abbiano la funzione di **soggetto** o di **oggetto diretto**, come nell'esempio.*

Che (pronome relativo soggetto)	Che (pronome relativo oggetto diretto)
*gli uccelli, gli insetti e i mammiferi **che** nel corteggiamento usano*	

*Inserisci all'interno del testo i 5 **"che" pronome relativo** mancanti, come nell'esempio.*

◼ Tradizioni

La Befana in Piazza Navona

La Befana è una tradizione tipicamente italiana. Si tratta di una vecchietta **che** vola su una scopa e la notte tra il 5 e il 6 gennaio entra nelle case e porta dolci ai bambini buoni e carbone a quelli cattivi. Il nome Befana è una corruzione della parola "Epifania", cioè apparizione. La Festa dell'Epifania ricorda i doni i Re Magi dettero al Bambino Gesù.

Ogni anno i bambini aspettano con ansia le calze piene di caramelle portate dalla Befana; in tutte le città italiane, si organizzano fiere e spettacoli in cui le ragazze si travestono da Befana e fanno regali ai bambini. Tra le feste più importanti, c'è la Befana di Piazza Navona, a Roma. Si tratta di una fiera dura da metà dicembre al 6 gennaio. La fiera è una specie di "paradiso" per i bambini qui trovano dolci, giocattoli e divertimenti.

Molto interessante è anche la Regata delle Befane a Venezia. Il 6 gennaio ci sono dei gondolieri si travestono da Befana e fanno una gara di gondole.

(adattato da "Oggitalia" - *www.elimagazines.com*)

22b *Se non sei sicuro, controlla le soluzioni dell'esercizio precedente. Poi, scrivi nella tabella a chi o a cosa si riferiscono nel testo **i pronomi relativi "che"**, come nell'esempio.*

Che	si riferisce a...
*una vecchietta **che** vola*	*una vecchietta*

23 *Indica a chi o a che cosa fanno riferimento nel testo i* **pronomi** <u>sottolineati</u>. *Attenzione! Classifica i* **pronomi**, *come negli esempi.*

» QUANDO PERFINO LE BUGIE NON MENTONO «

1	Un libro <u>**lo**</u> chiarisce una volta per tutte: anche gli animali usano le menzogne. Si tratta, dunque, di un peccato inevitabile? La risposta <u>**ce**</u> <u>la</u> dà un'altra domanda: chi <u>l'</u>ha detto che è sempre e soltanto un peccato?
	I primi a dir<u>le</u> sono i bambini: <u>lo</u> fanno istintivamente, per pigrizia. Poi si mente nella vita di cop-
5	pia, al proprio compagno o alla propria compagna, per non deluder<u>lo</u> o deluder<u>la</u>. Ci sono anche le bugie per sembrare più interessanti. E quelle <u>le</u> diciamo in tanti. E ci sono le bugie di cortesia. Esistono anche le bugie <u>**che**</u> diciamo alle persone <u>che</u> amiamo: <u>le</u> diciamo perché non vogliamo far-<u>gli</u> del male, sono le *white lies*, le bugie bianche. E ci sono pure le false verità <u>che</u> raccontiamo per-fino a noi stessi: ci sono utili per sentir<u>ci</u> meglio. Gli psicologi <u>le</u> hanno classificate perché, ormai è
10	certo, siamo tutti, e da sempre, un po' Pinocchi. E la bugia è sempre parte di una strategia, non è mai casuale. <u>Ce</u> <u>lo</u> dice lo psicologo Giovambattista Presti: si mente, cioè, perché vogliamo raggiun-gere un obbiettivo. "Ecco perché ci sono bugie di vario tipo e la psicologia <u>le</u> considera o come mec-canismi di difesa, o come espressioni verbali per ottenere un risultato".
	Sul tema della bugia in questo periodo molti scrivono. Ad esempio il libro di Andrea Tagliapietre,
15	*Filosofia della bugia* (Bruno Mondadori), <u>che</u> studia i classici per verificare l'evoluzione del concet-to di bugia. O ancora il libro di Maria Bettetini, *Breve storia della bugia. Da Ulisse a Pinocchio* (Raffaello Cortina Editore), <u>che</u> analizza le vicende dei grandi bugiardi: da Ulisse <u>che</u> inganna per salvar<u>si</u> la vita, a Platone <u>che</u> consigliava ai governanti di mentire nell'interesse del popolo. La bugia naturalmente coinvolge anche Internet. Lo sostiene Elena Antognazza <u>che</u> ha scritto il libro *Bugie*
20	*di Internet* (Hops edizioni).

(adattato da "Il Venerdì di Repubblica")

Riga	Pronomi	A chi o a che cosa si riferiscono
1	*lo, pronome oggetto diretto*	*anche gli animali usano le menzogne*
2	*ce, pronome oggetto indiretto*	*(extratestuale: a noi esseri umani)*
7	*che, pronome relativo oggetto diretto*	*le bugie*

Riga	Pronomi	A chi o a che cosa si riferiscono

24 *Completa il testo con i pronomi **oggetto diretto** e **indiretto**, **ne**, **combinati**, **riflessivi**, **dopo preposizione** e **"che" relativo**.*

metro®

Un sms tira l'altro

"Quando guardi il tuo cellulare e vedi un messaggio, ti chiedi subito: Chi _____ manda? Ricever___ ti dà conforto. È come a ping pong, tu _____ mandi e _____ arriva la risposta". Così _____ è giustificato il giovane londinese _____ è finito in cura dallo psichiatra perché ha spedito una media di 700 sms al giorno e 8.000 e-mail in un mese. Il ragazzo _____ faceva *overdose* quotidiane, e _____ stordiva il cervello. È sostanzialmente vero che gli sms possono creare una dipendenza, e _____ creano a prezzi economici, come una droga a buon mercato rispetto a quelle _____ ogni giorno riempiono le nostre cronache. Si tratta probabilmente di un altro sintomo dell'imbarbarimento tecnologico _____ noi tutti oggi viviamo. Voi lettori direte che sono un esagerato. Ma attenzione, questo non _____ dice un saggio eremita, o un nostalgico dell'era primitiva. No, chi _____ parla è un dipendente da cellulare come tanti altri. Una persona _____ il cellulare _____ usa, non ne fa a meno.

Ricordo ancora quella volta in cui ho ricevuto dalla mia compagnia telefonica l'offerta di 48 sms nell'arco di 24 ore, totalmente gratis. Era ___ ___ un mio amico. Ho alzato la testa dal *display* e _____ ho spiegato che cosa avevo vinto. Allora _____ ho chiesto, e _____ sono chiesto, cosa dovevo fare. E lui _____ ha detto, con candida semplicità: "Manda _____ un messaggio di risposta e di _____ di andare al diavolo!". Ed io _____ ho fatto, _____ ho mandato. Io però sono uno di quelli _____ si ostina a scrivere le parole per intero, senza accorciar___, e uso anche la virgola, _____ metto sempre. Anche se il messaggio telefonico è un tipo di comunicazione _____ deve essere essenziale. Ad esempio se si vuole esprimere un sentimento si può scriver___ così: "TVTB", _____ significa Ti Voglio Tanto Bene!

(adattato da "*Metro*")

25 *Inserisci nella tabella le* **preposizioni** <u>sottolineate</u> *nei 3 testi in basso, come nell'esempio. Rifletti sulle funzioni che ogni preposizione svolge. Attenzione!* **Preposizioni** *diverse possono avere una funzione simile.*

≫ CORSI D'ESTATE ≪

Impariamo a mandare una e-mail

"**Per** me l'uso **di** *Internet* o l'invio **di** una e-mail sono ancora un grosso problema". Sono ancora troppi gli italiani che dicono questo. Ecco, allora che durante il mese **di** luglio la Headstone di Sarzana (La Spezia) organizza un corso **di** informatica di base e di Internet **per** adulti e ragazzi. Le lezioni teoriche e pratiche sono due alla settimana, e sono **su** *Word* per imparare a scrivere testi, o **su** *Power Point* per le presentazioni. E naturalmente **con** i *tutor* tutti impareranno senza stress a navigare su Internet e a mandare una e-mail.

Sotto il mare

Da dieci anni è attiva a Palermo e a Ustica la scuola **di** sub "Orca", che organizza corsi **di** immersione a tutti i livelli. L'organizzazione prevede anche corsi **per** bambini e disabili. Immergersi **tra** persone competenti che amano e conoscono il mare sarà un'esperienza indimenticabile. Le iscrizioni si possono fare **per** e-mail o **per** telefono.

Gli strumenti per imparare un po' a suonare

Corsi, festival e mostre sono gli eventi che animano *Urbino Musica Antica*, una grande manifestazione interamente **sulla** musica, che dal 19 al 28 luglio, vede la città **di** Urbino invasa da centinaia **di** musicisti. La manifestazione è destinata **a** musicisti appassionati **di** strumenti antichi, ma è anche fatta **per** i musicisti che vogliono migliorare le loro tecniche di esecuzione e interpretazione della musica medievale, rinascimentale e barocca. L'organizzazione ha lavorato molto **per** gli artisti, ma anche **per** il pubblico, che vedrà spettacoli **su** quello che forse è il meglio della musica antica. Venite a Urbino, **in** macchina, **con** il treno o a piedi: saranno giorni di cultura e relax in un ambiente indimenticabile. Per prenotare scrivete **a**: *urbinoinmusica@hotmail.com*.

(adattato da "Il Venerdì di Repubblica")

Funzioni delle preposizioni	Preposizioni
Indica una specificazione	*di Internet*
Indica il destinatario dell'azione del verbo	
Indica un mezzo di trasporto	
Indica un rapporto di compagnia	
Indica il destinatario di un vantaggio o di uno svantaggio	
Indica i limiti di un'affermazione	
Indica un argomento	
Indica un mezzo o uno strumento	

26 *Completa il testo inserendo le* **preposizioni semplici** *della lista sulle linee* ____*, e le* **preposizioni articolate** *sulle linee* …..

Parole nuove, anzi nuovissime

Sono le parole ….. giovani. Parole inventate, strane, divertenti. Ormai hanno creato una lingua parallela ____ quella ….. adulti e si trovano addirittura ….. vocabolari.

Il linguaggio ….. giovani è divertente, espressivo e velocissimo: ogni giorno nascono parole nuove. Molti docenti ____ lingua italiana studiano questo fenomeno, ma è un'impresa difficilissima. ____ questo, oggi è nato il primo vocabolario *on line* ….. parole ….. giovani. Si chiama *Linguagiovani* e lo trovate all'indirizzo *www.maldura.unipd.it*. L'ha creato Michele Cortelazzo, docente _____ filologia neolatina ..... università _____ Padova. Il linguaggio giovanile si sviluppa così velocemente e _____ modo così ricco, che l'unico vocabolario possibile è un vocabolario _____ scrivere _____ tempo reale!

La nascita _____ un linguaggio giovanile così articolato e vivace, nasce soprattutto ..... sparizione ..... dialetti italiani. ..... passato, il dialetto serviva _____ esprimere le proprie emozioni parlando _____ amici e familiari, mentre l'italiano era usato ..... situazioni importanti. Oggi, il bisogno _____ comunicare le proprie emozioni ha creato un linguaggio giovanile tutto nuovo. Molte parole, poi, nascono _____ una copia ironica ..... parole straniere, soprattutto inglesi, come "genitors" (genitori) che deriva _____ "parents". _____ genere, il nuovo linguaggio giovanile si basa ..... deformazione, ... accorciamento e ..... raddoppio ..... parole.

(adattato da "Oggitalia" - *www.elimagazines.com*)

27 *Dal testo seguente sono state tolte 13 **preposizioni "di"**, 2 preposizioni **"a"**, 1 preposizione **"in"** e 1 preposizione **"per"**. Inseriscile negli spazi, come nell'esempio.*

◼Tradizioni

_____Torino gli artisti illuminano il Natale

Cascate _di_ luci, enormi palle _____ neve, tappeti volanti, boschi magici, dal 1998 le strade _____ Torino _____ Natale sono illuminate dalle creazioni _____ grandi artisti italiani e internazionali.

La manifestazione si chiama "Luci _____ artista" e prevede la partecipazione _____ 10 artisti famosi e un concorso tra artisti giovani che devono presentare un progetto _____ installazioni luminose _____ le feste natalizie. Obiettivo dell'iniziativa è unire arte contemporanea e gusto popolare, trasportando il messaggio artistico nei luoghi della vita quotidiana. In pratica si tratta _____ uno straordinario museo _____ arte contemporanea all'aria aperta.

Ma "Luci _____ artista" è anche un'opera collettiva _____ vero artigianato: 4 anni, ha richiesto 30 mila ore _____ lavoro _____ 100 professionisti, 100 chilometri _____ filo elettrico e circa 700 lampadine.

(adattato da "Oggitalia" - *www.elimagazines.com*)

28 *Completa il testo con le* **preposizioni articolate** *della lista (Attenzione! Le preposizioni non sono in ordine).*

dei   del   del   dell'   del   del   del   del   del   del   della   della

della   della   nei   nel   nel   nel   nell'   nella   nelle   nelle   nelle

Ogni anno, a Natale, _____ case italiane rivive la magia e l'eccezionalità _____ nascita di Gesù, grazie ad una tradizione antica e affettuosa: il presepio.

Il presepio è la rappresentazione _____ nascita di Gesù fatta con piccole statue ed è una tipica tradizione italiana. L'ideatore _____ presepio fu San Francesco, che la notte di Natale _____ 1223 a Greccio, un piccolo paese _____ Umbria, ricreò la scena _____ nascita di Gesù con persone ed animali veri. La tradizione _____ presepio vivente si è mantenuta _____ tempo e anche oggi è possibile vedere presepi viventi _____ piazze di molte città italiane. _____ case italiane si prepara il presepio _____ primi giorni di dicembre. La notte di Natale si mette la statua _____ "bambinello" _____ mangiatoia e il 6 gennaio le statue _____ re Magi.

La città _____ presepio è sicuramente Napoli. Qui la tradizione _____ presepio è fortissima e c'è addirittura un intero quartiere dove si costruiscono e si vendono statue, oggetti e tutto quello che serve per fare il presepio: San Gregorio Armeno. La tradizione _____ presepio napoletano nacque _____ 1534, quando _____ oratorio di Santa Maria _____ Stalletta si fece un grande presepio con statue di legno. Poi _____ Settecento fare il presepio diventò una mania presso le case dei nobili. I presepi più belli ricevevano la visita _____ re Carlo III di Borbone.

(adattato da "Oggitalia" - *www.elimagazines.com*)

29 *Completa le frasi inserendo gli* **avverbi di luogo** *della lista al posto giusto.*

all'angolo   a destra   a sinistra   avanti   davanti   dentro

fuori   giù   indietro   in fondo   intorno   lontano   su   vicino

1) Ho dato appuntamento a Luigi _____ alla fontana dei giardini alle quattro.

2) Prendi le chiavi della macchina. Sono _____ la borsa.

3) Mi piace tanto studiare _____, all'aria aperta. Mi rilassa molto.

4) Per raggiungere il bancomat, deve prendere la seconda _____ e poi la prima _____. Non è _____ a piedi: sono solo 5 minuti!

5) Scendo _____ in cantina a prendere del vino.

6) Gianni ha preso in affitto uno studio. Non vuole avere gente _____ quando dipinge.

7) Saliamo _____ a casa mia? Mio padre sta facendo le frittelle di mele.

8) Abbiamo sbagliato strada. Torniamo _____.

9) Puoi venire più _____? Altrimenti la foto viene male.

10) Quando qualcuno bussa alla porta diciamo: "_____!".

11) Ho deciso di cambiare la posizione del divano, mi sa che lo metto _____ del salotto.

12) La giacca puoi appenderla _____ al corridoio, vicino al telefono.

30 *Sottolinea la **forma verbale** giusta, come nell'esempio.*

Cara Claudia,
ti spedo/_spedisco_ questa veloce lettera per darti una notizia bomba: Cecilia è incinta! Dopo anni di lunghe attese finalmente ha avuto la bella notizia. Mi raccomando però, non dirlo a nessuno perché lei non vuole che si sappia. La paura che qualcosa possa andare male le **impede/impedisce** di essere totalmente tranquilla. Non **capo/capisco** queste sue superstizioni, ma rispetto la sua scelta. Questa è la prima bella notizia. La seconda è che ho quasi finito di scrivere la tesi. Ho deciso: appena **fino/finisco** di scrivere l'ultima pagina **parto/partisco** e vengo da te a Chianciano per rilassarmi alle terme. Alessio ha detto che mi **offre/offrisce** una giornata di massaggi e altri trattamenti rilassanti ed estetici. **Cape/Capisce** quanto sia difficile lavorare e studiare allo stesso tempo. Non sempre **gesto/gestisco** bene il mio tempo e spesso sono stressata. Alessio è un vero tesoro, **sube/subisce** tutto con molta pazienza. Pensa che in questo periodo fa tutto lui: **pule/pulisce** la casa, fa la spesa e cucina. A proposito, lo sai che quest'anno **finiamo/finisciamo** di pagare il mutuo della casa? Non ci sembra vero! Abbiamo già un progetto: i primi soldi che risparmieremo li useremo per comprare una macchina, anche piccola come la vostra. Finalmente, non dovremo più aspettare gli autobus notturni. E tu e Fabio, come state? Andate sempre a fare *footing* al parco vicino casa vostra quando **finite/finiscete** di lavorare? **Scopro/Scoprisco** sempre più amici che, dopo i quarant'anni, **sentono/sentiscono** il bisogno di fare sport. Lo so che fa bene, ma io sono pigra e **prefero/preferisco** dedicarmi a un buon libro. Ah, dimenticavo, tra un po' avremo la connessione Internet a casa, così ti manderò delle e-mail, e non dovrai più sforzarti per decifrare la mia pessima scrittura. Ti saluta anche Alessio, che dice che vi spedirà le foto entro la prossima settimana.
Un abbraccio e a presto
Lucia

31 a *Tra le **forme verbali** sottolineate ce ne sono 15 sbagliate. Trovale e correggi gli errori!*

Non sopporto il caldo

Quando fai molto caldo e sto in città le mie capacità diminuiscono. Mi si abbassate la pressione e divento debole, stupido e irritabile. Allora provo a combattere la mia battaglia contro la calura. Quando cammino per strada cerco di stare all'ombra perché sa che bisogna evitare il sole nelle ore calde. Anche nella scelta dei vestiti sto attento: infatti in estate soffoce con la giacca e la cravatta, e allora seguo il consiglio di un mio amico che dico a tutti: "Fate come vogliamo, ma io uso solo una maglietta e la giacca di lino: occorre vestirsi leggeri con questo caldo africano!". E io naturalmente gli diamo ragione. Anche mia moglie mi aiuti a sopportare l'afa. Io adoro la carne e la pasta, ma lei mi prepari altre cose e si giustifico dicendo: "Sono necessario mangiare molta verdura e frutta, e poi devi bere più acqua. Sono importante che tu beva almeno due litri d'acqua, lo dicono anche i medici". Insomma, sembra che tutti abbiano dei consigli pronti per me. Ma io continuo a soffrire il caldo. Comunque, anche io ho alcuni suggerimenti fondamentali, per me e per tutti: siamo meglio lavorare poco, ed è opportuno riposare molto e al fresco. E soprattutto è bene stare al mare, sotto l'ombrellone, rilassati e tranquilli. Paiono che anche mia moglie la pensi allo stesso modo. L'altro giorno mi ha detto: "Caro, ma quando hai le ferie? Qui in città il caldo è terribile!". Succede sempre così, che alla fine tutti mi diamo ragione!

31b *Se non sei sicuro, controlla le soluzioni dell'esercizio precedente. Poi, indica nella tabella quali tra i verbi sottolineati hanno un **soggetto determinato** e quali invece sono impersonali. Scrivi anche l'infinito di ogni verbo, come negli esempi.*

Verbi con il soggetto determinato	Verbi impersonali (che non hanno un soggetto determinato)
sopporto/ io /sopportare	fa / fare

32 *Tra questi **verbi impersonali** sottolinea la forma giusta, come nell'esempio.*

Vademecum per proteggersi dal caldo eccessivo

1) *Non bisogna*/Non bisogniamo esporsi al sole nelle ore calde.
2) **Siamo necessari/È necessario** vestirsi in modo comodo, leggero.
3) **È bravo/È bene** fare delle pause durante il lavoro. **È meglio/Siamo meglio** lavorare nelle prime ore del mattino.
4) **Importa/È importante** dormire quando fa caldo. Quindi **è bene/è buono** evitare caffè, tabacco, alcool. Ma **bisogna/bisognate** anche ricordarsi di rinfrescare la stanza da letto.
5) **Occorro/Occorre** mangiare soprattutto frutta e verdura.
6) Naturalmente **è necessario/necessito** bere molta acqua, anche più di due litri al giorno.
7) **Sembra/Mi sembrate**, inoltre, che per sopportare meglio il caldo **siamo essenziali/sia essenziale**: non stressarsi e cercare spazio e tempo per le cose che amiamo.
8) **Pare/Paio** anche che dedicare un po' di tempo in più ad attività rilassanti come leggere, stare in spiaggia, nuotare, **sono fondamentali/sia fondamentale** per sentire meno caldo.
9) **Opportuniamo/È opportuno** anche continuare a curare le proprie relazioni sociali (cioè uscire, incontrare gli amici, ecc.).
10) **Bisogna/Bisogniamo** ricordare che l'aria condizionata troppo fredda non **fa/fai** bene.

33 *Completa il testo coniugando i verbi della lista all'**imperativo formale singolare (Lei)**, come nell'esempio. Attenzione! I verbi sono in ordine.*

ascoltare   leggere   accertarsi   verificare   evitare   conservare

riporre   mettere   lavare   tenere   lavare   scongelare   seguire   rivolgersi

La buona tavola

Signora, ___ascolti___ i nostri consigli per la scelta, conservazione e cura degli alimenti!

Consigli per gli acquisti.

- _____ sempre l'etichetta presente sui prodotti confezionati, facendo attenzione alla data di scadenza, alle temperature e alle modalità di conservazione.
- Nel caso di prodotti sfusi _____ che i banchi di vendita siano dotati di un'adeguata protezione da agenti esterni (sporco, polvere, insetti).
- _____ che la confezione non sia rovinata. _____ lattine ammaccate e dilatate, pacchetti strappati o deformati, sigilli di sicurezza danneggiati, scatole bombate o con fessure.

Guarda come ti conservo.

- _____ carni, pollame e pesce crudi nella parte inferiore del frigorifero, i cibi cotti sui ripiani superiori.
- Non _____ in frigorifero cibi caldi perché causano un aumento della temperatura interna della cella.
- _____ gli alimenti in scatola in un luogo pulito, fresco e asciutto.

La prova del cuoco.

- _____ sempre le mani con acqua calda e sapone prima di cucinare e dopo aver maneggiato il cibo.
- _____ pulite le superfici della cucina lavandole con acqua calda, detergente e disinfettante, gli strumenti di cucina, i piani di lavoro e in particolare il frigorifero.
- _____ accuratamente frutta e verdura cruda prima del consumo e dell'ulteriore lavorazione.
- _____ i surgelati in frigorifero e li cucini non appena scongelati.
- _____ le istruzioni del produttore.
- Per informazioni, assistenza e segnalazioni _____ alle associazioni dei consumatori presenti sul territorio o alla Asl di zona.

34 *Completa il testo coniugando i verbi delle due liste al **passato prossimo**, come nell'esempio. Attenzione, I verbi non sono in ordine, ma è indicata la colonna in cui vanno inseriti.*

Colonna sinistra	Colonna destra
concedere costringere dovere	applicare avere comportarsi essere
ricevere trasformarsi nascere	fare gridare raccontare essere
rifiutare rimanere spiegare	rimbalzare trasformarsi suscitare

L'assalto dei fedeli al **PARROCO**

Bagnaturo - Chiesa della SS. Addolorata

La "rivolta" dei fedeli, ieri, _____ don Gaetano, ad uscire dalla chiesa di Bagnaturo scortato dai carabinieri. I parrocchiani _____ fuori ad attenderlo, per contestarlo con urla e applausi di scherno. Una scena surreale questa protesta, che _____ a causa del prete che _____ di celebrare la messa funebre per un uomo divorziato.
"_____ ordini superiori" _____ il parroco ai giornalisti, nella concitazione dell'uscita dalla chiesa. Ordini, a quanto pare, del vescovo di Sulmona, monsignor Giuseppe Falco. Con lui, don Gaetano ha deciso l'applicazione alla lettera del diritto canonico per quello che _____ ormai in un caso.
La famiglia di F. S., 47 anni, morto d'infarto sul suo tir durante una trasferta di lavoro a Messina, _____ seppellirlo senza funerale. I religiosi _____ l'uso della chiesa per la veglia funebre, ma per la messa no. La notizia _____ per i vicoli antichi del borgo, e _____ sgomento, che poi spontaneamente _____ in incredulità e soprattutto in rabbia. _____ la seconda moglie a trasformare lo sdegno in rivolta. "Mio marito _____ sempre in modo esemplare, la sua _____ la vita di un uomo bravo, onesto e lavoratore e non si meritava questo trattamento" _____ la donna in lacrime.
"È uno scandalo, il parroco se ne deve andare" _____ in coro altri parrocchiani. "Anche mio padre era divorziato" ha sottolineato la signora Amalia, un'altra contestatrice "e alla sua morte _____ il suo meritato funerale".
Il vescovo, interpellato sulla vicenda, ha replicato che il parroco "_____ le norme, quindi non _____ altro che rispettare quanto stabilito dalla nostra religione".

(www.nuovoconsumo.it)

35a *Rimetti in ordine sulle righe a destra le 2 frasi pronunciate dall'attore e regista teatrale Dario Fo.*

Chi ha inventato il teatro?

<u>Se</u> teatro mi chi chiedi ha inventato il,	=	*Se* _____ ,
<u>ti</u> spiegartelo non rispondo che necessario è.	=	*ti* _____ .

Le due frasi insieme formano un:
<u>PERIODO IPOTETICO</u>   =   <u>IPOTESI + CONSEGUENZA</u>

35 b *Hai ricostruito le due frasi. Ora indica qual è l'**ipotesi** e qual è la **conseguenza**.*

Ipotesi = _____   Conseguenza = _____

35 c *Il testo continua. Inserisci nel testo i verbi della lista.*

rispondo   chiedi   riescono   trovano   hanno   chiami   è   sai

Se mi _____ chi ha inventato il teatro, ti _____ che non _____ necessario spiegartelo. Tu lo _____ già, anche se non lo _____ con questo nome. I bambini _____ delle idee veramente fantastiche e _____ a costruire un teatro dal nulla, usando le cose più assurde: stracci, oggetti, vestiti, animali. _____ il modo di utilizzare qualsiasi cosa, anche nella natura.

35 d *Nel testo c'è la forma **riescono** (riuscire) che è un verbo in -sco della terza coniugazione, come **finire**. Completa la tabella coniugandoli entrambi al **presente indicativo**.*

Persona	Riuscire	Finire
Io	_____	_____
Tu	_____	_____
Lui/Lei	_____	_____
Noi	_____	_____
Voi	_____	_____
Loro	*riescono*	_____

35 e *Il testo continua. Riscrivilo usando la **terza persona plurale**, come nell'esempio. Cambia tutto ciò che è necessario.*

Mi ricordo che da ragazzo costruivo delle capanne nel bosco insieme ai miei amici. Uno doveva stare fuori a controllare e noi, dentro, ci raccontavamo tutto quello che sapevamo su film, libri o fumetti, e poi lo recitavamo. Avevo la fortuna di vivere vicino a un bosco, sul lago Maggiore, e lì quando ero ragazzo ho ascoltato spesso i racconti e le favole dei cantastorie.

Si ricordano... _____
_____
_____
_____
_____

35f *Il testo continua. Riscrivilo usando la seconda persona singolare, come nell'esempio. Cambia tutto ciò che è necessario.*

Noi guardavamo anche le rappresentazioni che facevano i burattinai professionisti, e dopo ci costruivamo da soli i nostri burattini e imitavamo le loro storie. Le cambiavamo come ci piaceva. I miei fratelli avevano otto e cinque anni, io ne avevo dieci, e il nostro piccolo teatro era dentro un vecchio capanno. Giocavamo con altri bambini, che venivano al nostro spettacolo e pagavano l'entrata! Sapevamo già come funzionavano le cose. Ormai eravamo famosi e tanti bambini venivano a vederci perché li facevamo divertire. Nelle nostre storie mettevamo dei personaggi che venivano dalla vita reale. Per esempio, in paese c'era un ladruncolo molto simpatico e ubriacone che aveva sempre paura che qualcuno scoprisse i suoi piccoli furti. Noi lo chiamavamo "Dighelnò", che in dialetto significa "Non diteglielo!". Ma le storie anche le inventavamo. Raccontavamo, per esempio, di un bandito che rapiva una ragazza perché voleva sposarla. Oppure trasformavamo delle vecchie storie in racconti in cui la gente si riconosceva. Abbiamo anche preso in giro il sindaco! E avevamo dieci, dodici anni! Facevamo delle cose meravigliose. Non era geniale mettere nelle storie delle persone conosciute?

Tu guardavi anche le rappresentazioni che facevano i burattinai professionisti, e dopo ti costruivi...

36 *Collega l'ipotesi alla conseguenza giusta, come nell'esempio. Ricorda di coniugare i verbi.*

1) Se non ___arrivo___ (*arrivare/io*) entro le sei...

a) _____ (*dovere/io*) andare dallo specialista.

2) Se non _____ (*sbrigarsi/voi*) con tutti questi saluti...

b) perché non ci _____ (*andare/noi*) insieme?

3) Guarda che se non _____ (*usare /tu*) gli occhiali...

c) _____ (*prendere/tu*) il latte al bar.

4) Se _____ (*venire/io*) in macchina...

d) non mi ___aspettare___ (*aspettare/tu*).

5) Se _____ (*continuare/noi*) a fumare tanto...

e) _____ (*dovere/tu*) passare molte ore sui libri.

6) Se non _____ (*potere/tu*) accompagnare i bambini...

f) _____ (*perdere/voi*) il treno.

7) Se domani _____ (*esserci*) questo vento...

g) _____ mi (*avvertire/voi*).

8) Se _____ (*venire/voi*) a trovarci in campagna...

h) _____ (*divertirsi/noi*) sicuramente in barca.

9) Se _____ (*volere/tu*) davvero superare quest'esame...

i) l'aria della stanza _____ (*diventare*) irrespirabile.

10) Se anche voi _____ (*andare*) al concerto...

l) _____ mi (*telefonare/tu*) in ufficio, così li porto io a scuola.

11) Se ti _____ (*piacere*) il cinema muto...

m) _____ (*ricordarsi/noi*) di invitarlo alla festa.

12) Se domani _____ (*incontrare/noi*) Fabio...

n) stanotte in Tv _____ (*dare/loro*) un film di Buster Keaton.

13) Se più tardi _____ (*uscire/tu*)...

o) la tua vista _____ (*peggiorare*).

14) Mi raccomando, se _____ (*fare/voi*) ritardo...

p) _____ (*fare/noi*) un picnic nel bosco.

15) Se questa allergia _____ (*continuare*)...

q) ti _____ (*dare/io*) un passaggio.

37 *Completa il testo coniugando i verbi della lista al* **passato prossimo** *o all'***imperfetto**, *come nell'esempio.*
Attenzione! I verbi sono in ordine.

chiedersi essere entrare sembrare volere dare raccontare portare rimanere accadere

salvare stare vedere interessare volere rappresentare provare amare odiare guardare

Due scrittori italiani e i loro libri.
Melania Mazzucco e Sandro Veronesi

D = domanda R = risposta

D: Qual è stata l'idea alla base dei due romanzi?

R: **Melania Mazzucco**. Sono tre fili collegati. Il primo è rappresentato dalle migliaia di sirene dei mezzi di soccorso che attraversano Roma a tutte le ore. *Mi sono chiesta* chi potesse esserci a bordo, e perché le sirene suonassero. Il secondo spunto _____ particolare: _____ in una casa da poco abbandonata. La casa _____ un luogo dove era accaduto un delitto. Infine, _____ raccontare il presente in trasformazione del nostro paese.

R: **Sandro Veronesi**. Due immagini messe in relazione fra loro _____ il via al lavoro. Degli amici mi _____ di un conoscente rimasto da poco vedovo. Da quel giorno lui _____ a scuola la figlia, e _____ tutto il tempo seduto in una panchina ad apettarla. E poi un fatto che _____ realmente _____: io e mio fratello insieme _____ in mare due donne sconosciute che _____ per annegare. Lì, _____ per la prima volta la morte in faccia.

D: Roma e Milano: perché l'ambientazione in queste due città?

R: **Sandro Veronesi**. Milano è una città che non conosco bene, ma in Italia è quella più europea e internazionale. Mi _____ considerare una qualsiasi città occidentale e _____ parlare dei guasti creati dalla globalizzazione.

R: **Melania Mazzucco**. La protagonista del mio libro è la Roma del XXI secolo. L'_____ in modo diverso dalla solita immagine da cartolina e _____ a coglierne tutte le sue sfaccettature. Roma è una città che _____ e _____ al tempo stesso, e che _____ con gli occhi di chi la percorre con l'autobus o l'attraversa in auto blu.

(adattato da *"D, La Repubblica delle donne"*)

esercitazioni didattiche

38 *Inserisci nel testo i **verbi** della colonna a destra nella riga corrispondente, coniugandoli al **passato prossimo** o all'**imperfetto**, come nell'esempio. Attenzione! I verbi sono in ordine.*

D = domanda R = risposta

Intervista alla poetessa Alda Merini

ha scritto	
D: Anni fa lei ↓ : "molto attraverso gli uomini che mi ".	*scrivere* viaggiare amare
Qual il viaggio più importante?	essere
R: Gli uomini moltissimo per le mie avventure esistenziali. Ma,	rappresentare
in fondo, il viaggio che mi di più quello all'interno di	piacere essere
Alda Merini.	
Diciamo che il poeta non ha bisogno di vedere, quanto di sentire.	
Insomma, lo scrittore sta bene anche a casa sua.	
D: E nella sua Milano, magari su un taxi con il poeta Salvatore Quasimodo?	
R: Sì, con Quasimodo in giro per la città. Ora Milano è irriconoscibile.	andare
D: E la zona dei Navigli, dove ancora abita?	
R: In quegli anni lontani poveri, con la mano tesa verso chi	(noi)essere avere
bisogno: una famiglia.	(noi)essere
D: In quale altra città si sente a casa sua?	
R: La mia città di elezione Torino. Ci qualche anno, quando	essere vivere esserci
Fernanda Pivano. La città per me Mirafiori, il Valentino, la casa dei	essere
miei parenti.	
D: E dell'Italia del sud che cosa pensa?	
R: Affascinante, mi una forte nostalgia; a Taranto, quando mio	lasciare vivere esserci
marito, il poeta Pierri.	

(da "*I Viaggi di Repubblica*")

39 *Completa il testo con i verbi mancanti: devi coniugare sulle righe _____ i verbi della lista al* **passato prossimo**. *Attenzione! I verbi sono in ordine, ma c'è un verbo in più;*

fare   salire   iniziare   reagire   scendere   pensare   chiedersi

*devi coniugare sulle righe.............. i verbi della lista all'***imperfetto**. *Attenzione! I verbi non sono in ordine.*

picchiare   avere   volere   intrattenere   annoiarsi   avere

andare   sembrare   minacciare   alzare   sembrare   parlare   gridare

la Repubblica.it

Home | Affari&Finanza | Sport | Spettacoli&Cultura | Tecnologie&Scienze | Motori | Moda | Casa&Design | Viaggi

RepubblicaTv | Politica | Cronaca | Edizioni locali | Esteri | Ambiente | Scuola&Giovani | Newscontrol | Ora per Ora | Blog

Un esame per chi aspira a fare il genitore

_____ un viaggio in treno sabato di ferragosto. A Verona _____ una famiglia di Ragusa: padre, madre, un bimbo di circa otto anni, una bimba di quattro o cinque.

.... a Bologna: un paio d'ore di viaggio. I piccoli non .... un gioco, né un giornalino.

I due genitori non .... con loro, non li .... in nessun modo.

I bambini ...., e allora _____ a toccare in giro, a salire sui sedili, a muoversi. Il padre e la madre _____ improvvisamente con rabbia. .... i bambini o li ....

E a me .... una reazione consueta di quei genitori. Infatti ad ogni movimento improvviso dei genitori i figli .... paura. Il bambino .... le braccia, e la bimba invece ....

Loro .... soltanto proteggersi.

Il padre e la madre .... abbastanza ricchi, e con un buon livello culturale.

Poi loro _____, e io _____ con tristezza ai due poveri figli e _____: perché chi vuole prendere la patente deve superare un esame, e invece chi deve guidare la formazione di una nuova persona no? Solo le persone che superano questo esame dovrebbero diventare padri o madri. Forse non è un'idea assurda come può sembrare!

Lettera firmata

(adattato da *www.repubblica.it*)

40 a *Completa il testo coniugando i verbi della lista al **passato prossimo** o all'**imperfetto**. Attenzione! I verbi non sono in ordine e c'è un verbo in più.*

adottare   arrivare   capire   dare   decidere   desiderare

dimostrare   domandare   fare   succedere   volere   volere

D = domanda   R = risposta

INTERVISTA A MARILENA FRANCO. VITA DA MAMMA *MANAGER*

1   Marilena Franco, direttore per il settore aviazione del gruppo americano *Marsh*, un *broker* assicurativo con oltre 600 dipendenti solo in Italia, l'anno scorso *ha adottato* due bambini. "_____ improvvisamente quanto è importante il fattore culturale, la differenza dei sessi: le mie amiche devono ricordare il nome del pediatra dei figli o quel-
5   lo del loro insegnante di ginnastica. I loro mariti, invece, no".

   D: Alcune ricerche _____ che l'Italia è l'unico paese dove uomini e donne non <u>si</u> dividono equamente i carichi di lavoro. Che ne pensa?

   R: "Per chi, come me, lavora tutto il giorno e deve viaggiare parecchio, è fondamentale l'organizzazione e la possibilità di avere una persona fissa in casa. Mio marito, <u>che</u> è
10   chirurgo, <u>mi</u> aiuta quando può, ma è vero che gran parte del lavoro tocca sempre <u>a</u> <u>noi</u> donne".

   D: Ad esempio?

   R: "Prima io _____ in ufficio dopo le nove. Oggi esco di casa alle sette e mezza perché devo portare i bambini a scuola e la giornata lavorativa inizia prima.
15   Poi la sera <u>li</u> seguo per la doccia e la cena, <u>che</u> per fortuna <u>io</u> trovo già pronta. Se devo essere sincera però il ruolo di mamma <u>mi</u> piace".

   D: I dati dicono che le italiane lavorano meno in ufficio delle americane, ma loro guardano anche meno Tv.

   R: "Se <u>la</u> guardano meno non è un male".
20   **D:** Oggi, quando deve fare un colloquio di lavoro ad una ragazza, che cosa <u>le</u> chiede?

   R: "<u>Mi</u> _____ sempre fastidio quando <u>mi</u> _____ che cosa _____ fare nella mia vita nei prossimi dieci anni: in realtà, _____ solo capire se _____ avere dei figli! Ora tocca a <u>me</u> fare i colloqui di lavoro, e allora <u>gli</u> spiego bene che cosa <u>mi</u> aspetto <u>da loro</u> e che cosa <u>le</u> aspetta. Infatti, è
25   possibile conciliare lavoro e famiglia, ma non tutte riescono a far<u>lo</u>. Le difficoltà possono essere davvero molte".

   D: E che cosa accade?

   R: "Nel nostro gruppo non _____ mai _____ nessuna distinzione di sesso. Ed _____ spesso che nella lista dei candidati ad un posto ci siano
30   stati più donne che uomini".

(http://espresso.repubblica.it)

40b *Indica a chi o a che cosa si riferiscono i* **pronomi** *<u>sottolineati</u> nel testo. Attenzione! Classifica anche i* **pronomi***, come nell'esempio.*

Riga	Pronomi	A chi o a che cosa si riferiscono
7	*si, pronome riflessivo*	*uomini e donne*

41 *Completa il testo coniugando i verbi della lista al **presente**, al **passato prossimo** o all'**imperfetto**, come nell'esempio. Attenzione! I verbi sono in ordine.*

cercare   disegnare   scatenare   accompagnare   considerare   intuire   esserci   spiegare

annuire   dovere   continuare   scendere   portare   vedere   dipingere   raccontare

essere   sembrare   volere   diventare   ritrovarsi   volere   ricordare

Ho cercato in tutti i modi di farmi piacere, o almeno di capire, le immagini che i ragazzi _____ con le bombolette *spray* sui muri di Roma. Mi sono anche fatto spiegare la faccenda da un giovanissimo amico che nottetempo _____ la sua creatività colorando vagoni ferroviari e grigi tratti della città, e lui mi _____ a visitare quelle che _____ le cappelle sistine dei nostri tempi, chilometrate di lettere incastrate una nell'altra, a comporre forme e frasi per me assolutamente indecifrabili. _____ che _____ tendenze diverse, dure polemiche tra opposte scuole di *writers*, maestri ed allievi, pischelli imbrattatori e veri geni della decorazione urbana. Mentre il mio amico _____, io _____ ma _____ ammettere che _____ a passare davanti a quegli schizzetti isterici o a quelle letterone intrecciate senza provare altro che un leggero fastidio. Una notte, però, mentre _____ per via Durante, uno stradone che _____ dalla Trionfale alla Balduina, _____ un ragazzo che _____ un profilo su un muro. Mi _____ che _____ il ritratto di un suo compagno di scuola, ucciso da una meningite fulminante pochi mesi prima. Con l'andare del tempo, attorno a quel profilo malinconico che _____ osservare la follia del mondo dal silenzioso regno dei morti, altri compagni graffitari _____ lasciare un segno, un ricordo, un'immagine, e così quella parete periferica _____ un album colorato dove _____ i pensieri e le fantasie di chi _____ bene a Giacomo C., morto a diciotto anni. Una targa _____, in un linguaggio anche troppo formale, che i murales sono stati realizzati per gentile autorizzazione dell'Acea*.

(brano estratto e adattato da *Isole*, di Marco Lodoli, Einaudi, 2008)

*società che gestisce l'energia elettrica

prove d'esame B1

ASCOLTARE (20 minuti)

I parte (14 punti)

Ascoltate, dal cd allegato, la conversazione tra Daniele e Cecilia. Completate le affermazioni seguenti scegliendo una delle tre possibilità. Dovete segnare sette risposte in totale: ogni risposta in più vale due punti in meno.

1. Daniele:
- ☐ a) voleva parlare con Giuliana, ma ha risposto Cecilia.
- ☐ b) non conosce Giuliana ma conosce già Cecilia.
- ☐ c) ha avuto il numero di telefono di Cecilia da Giuliana.

2. Giuliana:
- ☐ a) non ha mai parlato a Cecilia di Daniele.
- ☐ b) ha detto a Daniele solo il prezzo dell'affitto.
- ☐ c) ha spiegato a Daniele dov'è l'appartamento di Cecilia e gli ha detto quanto costa l'affitto.

3. Cecilia spiega a Daniele:
- ☐ a) che la terrazza è molto più spaziosa dell'appartamento.
- ☐ b) che l'appartamento ha quattro porte e una grande terrazza.
- ☐ c) che la terrazza è più piccola dell'appartamento.

4. Dall'appartamento Cecilia porterà via:
- ☐ a) il divano e il letto.
- ☐ b) la poltrona, perché l'ha ricevuta in regalo.
- ☐ c) la stampante, perché è un regalo di un suo vecchio amico.

5. Nel monolocale di Cecilia:
- ☐ a) il bagno è grande, ma non ha la doccia.
- ☐ b) il bagno è piccolo, ma ha tutto il necessario.
- ☐ c) non è possibile cucinare.

6. Cecilia spiega a Daniele:
- ☐ a) che il monolocale è disponibile dalla metà di maggio fino ai primi di novembre.
- ☐ b) che il monolocale è disponibile solo nel mese di maggio.
- ☐ c) che nel prezzo dell'affitto non sono incluse le spese e la connessione a Internet ADSL.

7. Daniele:
- ☐ a) incontrerà Cecilia nel fine settimana.
- ☐ b) chiamerà un'altra volta Cecilia per prendere un appuntamento.
- ☐ c) vedrà il monolocale il prossimo lunedì sera.

II parte (16 punti)

Ascoltate, dal cd allegato, il notiziario sulla viabilità e confrontate le affermazioni della tabella con le notizie. Segnate con una crocetta sulla V le frasi vere e con una crocetta sulla F le frasi false.

1. Sono finiti i disagi sull'autostrada A1.	V	F
2. Presso lo svincolo di Casalpusterlengo, sull'A1, ci sono dei lavori in corso.	V	F
3. Sull'A15 Parma – La Spezia le automobili sono in fila per un chilometro.	V	F
4. L'incidente sull'autostrada A1 tra Lodi e Milano sud non dà problemi al traffico.	V	F
5. Sta scomparendo la nebbia sull'A13 Bologna-Padova e sull'A1 fra Roncobilaccio e Barberino del Mugello.	V	F
6. Un incidente rallenta il traffico sulla via Aurelia, in entrambe le direzioni tra Querceta e Massa.	V	F
7. A Bologna c'è molto traffico perché è iniziata la fiera.	V	F
8. Il prossimo notiziario sul traffico ci sarà fra un'ora e mezza.	V	F

LEGGERE (30 minuti)

I parte (16 punti)

Lavorate in una libreria e dovete mettere a posto i libri appena arrivati dal magazzino nei reparti giusti. Associate i titoli dei libri ai nomi dei reparti scrivendo nella casella vuota la lettera corrispondente al titolo. Dovete scegliere solo otto libri.

I REPARTI DELLA LIBRERIA

1 - Architettura e urbanistica	
2 - Arte	
3 - Cucina	
4 - Geografia e viaggi	
5 - Libri per ragazzi	
6 - Musica	
7 - Religione e spiritualità	
8 - Sport	

LIBRI

A	*Come crescere in modo naturale tuo figlio. Da 0 a 3 anni*
B	*La Montagna per tutti. Guida alle dieci gite più belle delle Dolomiti*
C	*Tecnica fondamentale del violino*
D	*Fiabe, favole e racconti fantastici*
E	*Il piacere dell'atletica leggera*
F	*Il piano degli obiettivi economici*
G	*La forchetta innamorata. Poesie sui segnali stradali*
H	*Imparo a... tagliare la carta con le forbici*
I	*Il cucchiaio azzurro. Oltre 800 ricette di mare e d'acqua dolce*
L	*L'aiuto di Dio. Preghiere*
M	*Avventure urbane. Progettare la città con gli abitanti*
N	*Pittori dell'oro. Alla scoperta della pittura a Pisa nel Medioevo*

II parte (14 punti)

Un esperto, in un giornale, risponde alle lettere inviate da persone che gli chiedono consigli sui loro problemi. Leggete le lettere. Le risposte alle lettere sono mescolate: segnate accanto a ogni lettera il numero della risposta giusta. Dovete segnare solo sette risposte: ogni risposta in più vale due punti in meno.

LE VOSTRE LETTERE

a)_____ Sono Silvia di Lecce, ho 23 anni; studio e ho la casa a Roma. Il mio problema è la famiglia: i miei non accettano l'idea di non vedermi tutta la settimana, e mi chiamano al telefonino anche tre o quattro volte al giorno! Io ho la mia vita! Come posso fare?

b)_____ Sono Luca di Terni. Fra poco finirò di lavorare (ho 57 anni) e sto già pensando che non avrò più un'attività che mi tiene occupato tutto il giorno. Questa prospettiva mi spaventa, perché per carattere sono attivo e quando non ho niente da fare divento nervoso con tutti. Cosa faccio di tutto questo tempo libero?

c)_____ Sono Alessandro da Brindisi, ho 28 anni. Il mio problema è che non ho mai avuto nessuna ragazza e non riesco a trovarla. Eppure ho molti amici, ho una vita sociale molto ricca, e tutti mi cercano per il mio umorismo e la mia simpatia. Allora, perché nessuna delle ragazze che frequento mi vede come un possibile fidanzato?

d)_____ Mi chiamo Cinzia, ho 42 anni e scrivo da Pianello, un paesino di provincia. Non sopporto la vita del mio paese. Mi sono trasferita qui da due anni perché a mio marito fa male l'aria inquinata, ma non riesco ad abituarmi: è un paese così piccolo, senza nessun tipo di divertimento! È possibile fare una vita così?

e)_____ Sono Federico di Napoli. Abito con i miei figli, ma non riesco ad avere uno spazio per me. Per farle un esempio, abbiamo un solo televisore e il momento rilassante del film si trasforma sempre in un litigio, perché ognuno vuol vedere cose diverse. Oppure: la poltrona è sempre occupata da loro. Non so come fare!

f)_____ Sono Roberto di Genova. Tempo fa suonavo la chitarra con un gruppo rock, ed è stato un periodo molto piacevole. Poi, per le solite ragioni (litigi, trasferimenti) ci siamo persi di vista. Il gruppo si è sciolto, ora non esiste più e mi dispiace; per questo, quando altre persone mi hanno chiesto di formare un gruppo nuovo, ho sempre rifiutato. Ho fatto bene?

g)_____ Mi chiamo Daniela e sono di Firenze. Da due mesi soffro di insonnia: non riesco a dormire e passo le notti sveglia. Il dottore mi ha dato delle medicine, ma non servono!

RISPOSTE

1. Secondo me no! Capisco che le mancano i vecchi amici, ma non può dire di no alle nuove esperienze! I bei ricordi non si cancellano. Coraggio!

2. Non sono io quella che la deve consigliare, lei deve contattare uno specialista. Io posso dire solo che la sua mancanza di sonno può venire anche da difficoltà che sta vivendo e la mettono in agitazione. Forse la risposta è qui.

3. Al contrario, è una notizia buonissima! In questo modo inizierà a guadagnare i suoi soldi! Vedrà meno le persone che ama, ma imparerà a sfruttare meglio le occasioni d'incontro con loro.

4. I suoi genitori devono superare i loro contrasti. Lei non deve soffrire perché loro litigano. È un problema che riguarda loro, e lo devono risolvere tra di loro. Fare l'università lontano da casa è sicuramente un fatto positivo, perché le permette di "staccare" da loro.

5. Ma lei si lamenta del poco spazio o dei figli? In quest'ultimo caso, beh... purtroppo sappiamo che con i figli non basta mai la pazienza. In alcuni momenti, comunque, lei ha tutto il diritto di pretendere i suoi spazi. In fondo, è anche un buon modo per educare i suoi figli al rispetto.

6. Il problema è delicato: parli con suo marito e gli spieghi i suoi disagi; l'ha mai fatto? Potete arrivare a un accordo anche senza bisogno di traslocare: ad esempio, nel fine settimana potete viaggiare e andare via dal paese che lei detesta.

7. Si guardi in giro e cerchi una casa più piccola! Se quella che ha le sembra esagerata per due persone sole, la lasci a famiglie più numerose! Troverà chi la compra.

8. È possibile che lei mostri alle ragazze il suo lato comico, e solo quello. Come mai? Ci pensi bene. E in ogni caso stia tranquillo: la persona giusta arriverà anche per lei!

9. Certo, lei deve riposare e chiarire le sue idee. Se vuole veramente sposarsi, allora deve solo prendere coraggio e dirglielo. Vedrà che non sarà delusa.

10. Perché lei ha un comportamento sbagliato nei loro confronti: quando si sposta in città non devono seguirla sempre, per forza: sono solo bambine e hanno interessi diversi dai suoi. Se le lascia più libere vedrà che cambieranno anche loro.

11. Tantissimi vorrebbero essere al suo posto, lo sa? Lei ha tutta la vita davanti: la sfrutti! Ha un carattere che non sta mai fermo: quindi per lei non sarà difficile trovare una o più occupazioni. Pensi alle sue passioni: viaggi? Lavori manuali? Sport?

12. Non bisogna scherzare con i problemi di salute di suo marito. Se lui non dorme deve prima sentire il parere di un medico. Poi penserete ai viaggi: per quelli c'è sempre tempo.

13. È chiaro che per i suoi genitori lei è ancora una bambina! Questo è il loro modo per dirle che tengono a lei. Certo, però, ha ragione: devono capire che lei è grande. Provi a parlare con loro.

14. Deve reclamare subito con il proprietario del negozio: il commerciante ha l'obbligo di sostituire una macchina difettosa.

SCRIVERE (50 minuti)

I parte

Un'amica che si sposerà tra pochi mesi vi ha chiesto un consiglio per il viaggio di nozze. Rispondetele con un'e-mail e datele i vostri suggerimenti: descrivete il luogo che vi sembra adatto e spiegatele perché secondo voi è un posto ideale; poi, datele tutti i consigli che vi sembrano utili per la sua luna di miele.

(Scrivete circa 150 parole: il conteggio comprenderà anche gli articoli, le preposizioni o le congiunzioni formati da una sola lettera. Saranno accettati esercizi che hanno fino a circa 35 parole in meno del numero stabilito. I testi che hanno in totale meno di 110 parole saranno annullati).

_____

_____

_____

_____

_____

_____

_____

_____

_____

_____

_____

_____

_____

_____

_____

_____

_____

_____

II parte

Un vostro amico è preoccupato perché ha fatto una brutta figura. Per tirarlo su, scrivetegli un'e-mail dove raccontate un episodio imbarazzante e comico che avete vissuto voi.

(Scrivete circa 150 parole: il conteggio comprende anche gli articoli, le preposizioni o le congiunzioni formati da una sola lettera. Sono accettati esercizi che hanno fino a circa 35 parole in meno del numero stabilito. I testi che hanno in totale meno di 110 parole saranno annullati).

SECONDA PROVA D'ESAME B1

 ASCOLTARE (20 minuti)

I parte (14 punti)

Ascoltate i dialoghi e indicate con una crocetta sui riquadri (☒) in quale luogo è possibile ascoltarli. Per ogni dialogo scegliete solo una delle 4 proposte indicate (a, b, c, d): ogni crocetta in più vale due punti in meno.

1.
    □ a) in un distributore di benzina.
    □ b) in un tabaccaio.
    □ c) in un negozio di alimentari.
    □ d) dal fioraio.

2.
    □ a) in un negozio di alimentari.
    □ b) in una farmacia.
    □ c) in un ufficio postale.
    □ d) dal fioraio.

3.
    □ a) al botteghino di un teatro.
    □ b) in un'agenzia di viaggio.
    □ c) in uno studio di grafica.
    □ d) al casello dell'autostrada.

4.
    □ a) in un autosalone.
    □ b) in un negozio di elettrodomestici.
    □ c) in un negozio di mobili.
    □ d) in una merceria.

5.
    □ a) dall'idraulico.
    □ b) in una farmacia.
    □ c) in una falegnameria.
    □ d) in una banca.

6.
    □ a) in uno studio medico.
    □ b) in una banca.
    □ c) alla segreteria di un'università.
    □ d) in uno studio legale.

7.
    □ a) in una piscina.
    □ b) dall'elettricista.
    □ c) dall'idraulico.
    □ d) dal meccanico.

II parte (16 punti)

Ascoltate l'intervista a un regista italiano e confrontatela con le frasi. Indicate le 8 frasi presenti nel dialogo segnando una crocetta sui riquadri (☒). Dovete indicare solo 8 frasi: ogni crocetta in più vale 2 punti in meno.

(l'intervista ricalca, con alcune modifiche, quella rilasciata dal regista Paolo Virzì durante la trasmissione televisiva *Le invasioni barbariche* trasmessa il 5 aprile 2008 sul canale La7)

1. ☐ Il padre di Paolo è originario della Sicilia.

2. ☐ La madre di Paolo da giovane ha fatto la cantante.

3. ☐ Paolo è nato nel 1958.

4. ☐ I genitori di Paolo si sono separati quando lui era molto piccolo.

5. ☐ La mamma di Paolo ha studiato medicina.

6. ☐ Quando era ragazzo Paolo voleva fare il giudice.

7. ☐ Tra le aspirazioni di Paolo, quando era piccolo, c'era anche quella di fare l'insegnante.

8. ☐ Nel 1985 Paolo è andato a vivere a Roma.

9. ☐ Paolo ha cominciato a lavorare a 21 anni.

10. ☐ Paolo si è iscritto al Centro Sperimentale di Cinematografia di Roma in un periodo difficile per il cinema italiano.

11. ☐ Per Paolo è stato difficile lasciare Livorno.

12. ☐ Paolo abita in un appartamento con vista su San Pietro.

13. ☐ Paolo è proprietario del suo appartamento.

14. ☐ L'appartamento di Paolo prima apparteneva a Sandro Veronesi.

15. ☐ Paolo ha una grande passione per la cucina.

16. ☐ Paolo vive vicino a sua figlia.

LEGGERE (30 minuti)

I parte (14 punti)

Leggete il testo e confrontatelo con le frasi che seguono. Riconoscete le frasi presenti nel testo segnando una crocetta sui riquadri (☒). Dovete indicare solo 7 frasi. Ogni crocetta in più vale 2 punti in meno.

---

la Repubblica TORINO.it

Cerca: Archivio

| Home | Cronaca | Attualità | Sport | Persone | Speciali | Partecipa | Multimedia | Guida utile | Edizioni | Annunci |

«« Senza passato non può esserci futuro, e io ho fotografato il passato. Ora ho problemi di vista, ma va bene così». Aldo Agnelli, classe 1924, con tanta semplicità sintetizza così la sua lunga carriera di fotografo ad Alba, in Piemonte. Nel 1990 ha cominciato ad avere problemi agli occhi e ha dovuto smettere di praticare la sua passione: la fotografia. Viene in mente un parallelo con Beethoven e la perdita del suo udito, perché Aldo è stato non soltanto il fotografo per eccellenza della capitale delle Langhe, è stato anche un artista: «Se uno ama la fotografia deve fare delle buone foto, altrimenti è un mestiere come un altro, che va bene per sfamare la propria famiglia. Ma io ho amato tanto la fotografia e allora ho sempre sentito il bisogno di trasmettere delle emozioni». Aldo Agnelli ha ereditato il mestiere da suo padre. La sua bottega in pieno centro città era un punto di riferimento per tutti gli amanti della fotografia fino alla sua chiusura, non molti anni fa: «Io avevo tre vetrine, e una di queste la dedicavo alle foto degli avvenimenti locali. Era come un

giornale, ogni lunedì la cambiavo e la gente non vedeva l'ora di venire a curiosare, se c'era stato un funerale illustre, una partita di pallone particolarmente sentita, una festa, qualsiasi cosa». Agnelli ha documentato tutte le trasformazioni della città: «Prima della guerra i contadini scendevano dalle campagne in collina, la domenica, per farsi i ritratti di famiglia, era gente povera, che pian piano, dopo la guerra, ha partecipato all'industrializzazione della città; Alba è cambiata radicalmente in quegli anni, da centro commerciale e agricolo è diventata un polo industriale». Durante la seconda guerra mondiale Aldo Agnelli forte di un congedo non ha combattuto: «Non ho mai amato le armi, condividevo e capivo la lotta dei miei amici, ma la guerra non era nelle mie corde. Si correvano ugualmente dei rischi, per esempio se si doveva andare a Torino a comprare pellicole e altro materiale per il lavoro, ma era la vita di allora, e la vivevamo». Oggi Agnelli ha donato le sue foto più belle alla Fondazione Ferrero, ma esistono tre pubblicazioni, tra le quali l'ultimo libro "C'era una volta la Langa" (Artistica Editrice), che documentano la vita, i luoghi e il lavoro di questo personaggio incredibile.

(tratto e adattato dal sito *www.torino.repubblica.it*)

---

1. ☐ Aldo Agnelli ha fatto il fotografo per molti anni.

2. ☐ Aldo Agnelli ha frequentato un'importante scuola di fotografia.

3. ☐ Aldo Agnelli ora non fa più il fotografo perché non vede più bene.

4. ☐ Beethoven è il compositore preferito di Aldo Agnelli.

5. ☐ Anche il padre di Aldo Agnelli faceva il fotografo.

6. ☐ Gli appassionati di fotografia, ad Alba, conoscevano il laboratorio di Aldo Agnelli.

7. ☐ Il laboratorio di Aldo Agnelli è ancora attivo ad Alba.

8. ☐ Aldo Agnelli ha fatto soltanto ritratti di contadini.

9. ☐ Aldo Agnelli esponeva le sue fotografie in una vetrina.

10. ☐ Aldo Agnelli pubblicava le sue fotografie sul quotidiano di Alba.

11. ☐ Le trasformazioni della città di Alba hanno coinvolto i contadini.

12. ☐ Alba, anche dopo la guerra, è rimasta soprattutto un centro agricolo.

13. ☐ Aldo Agnelli è stato un soldato durante la seconda guerra mondiale.

14. ☐ Aldo Agnelli ha regalato le sue migliori fotografie alla Fondazione Ferrero.

II parte (16 punti)

Leggete il regolamento della piscina e completate le frasi con la parola giusta fra le tre proposte (a, b, c) nella tabella alla pagina successiva. Dovete indicare solo una parola: ogni crocetta in più vale due punti in meno.

REGOLAMENTO

- I soci e i loro ospiti dovranno rispettare l'orario di apertura e di chiusura della piscina.
- I soci dovranno conservare il biglietto d'ingresso fino all'uscita della piscina ed esibirlo a richiesta degli incaricati di controllo.
- I ragazzi di età inferiore ai 12 anni potranno accedere in piscina solo se accompagnati da persone (1) _____.
- Le persone affette da malattie (2) _____ non potranno accedere in piscina.
- È obbligatorio l'uso della (3) _____, da indossare prima di entrare in acqua.
- È vietato introdurre nella piscina animali di qualsiasi specie.
- Nella vasca non è ammesso l'uso degli occhiali da vista o da sole.
- Nei locali di servizio e nel locale vasca della piscina, è obbligatorio l'uso di (4) _____ di legno, oppure di ciabatte di plastica. L'uso delle scarpe da ginnastica è consentito solo al (5) _____ di servizio.
- Sono vietate le esercitazioni con attrezzi per la pesca subacquea, quali apparecchi autorespiratori, (6) _____ subacquei, maschere subacquee, pinne, ecc.
- Aprire gli (7) _____ solo in presenza di tempo buono ed in assenza di vento.
- È vietato entrare nella vasca con (8) _____ abbronzanti e protettive senza aver effettuato l'apposita doccia saponata.

1.	a. □ minorenni	b. □ maggiorenni	c. □ antiche
2.	a. □ contaminate	b. □ contagiose	c. □ guarite
3.	a. □ cuffia	b. □ corda	c. □ stufa
4.	a. □ lacci	b. □ zoccoli	c. □ tappeti
5.	a. □ controllo	b. □ tuffatore	c. □ personale
6.	a. □ fucili	b. □ termosifoni	c. □ schermi
7.	a. □ arnesi	b. □ banconi	c. □ ombrelloni
8.	a. □ creme	b. □ costumi	c. □ mensole

SCRIVERE (50 minuti)

I parte

Guardate le vignette e raccontate la storia (potete raccontare la storia anche scrivendo un commento per ogni vignetta).

(Scrivete circa 100 parole: il conteggio comprende anche gli articoli, le preposizioni o le congiunzioni formati da una sola lettera. Saranno accettati esercizi che hanno fino a circa 25 parole in meno del numero stabilito. I testi che hanno in totale meno di 70 parole saranno annullati).

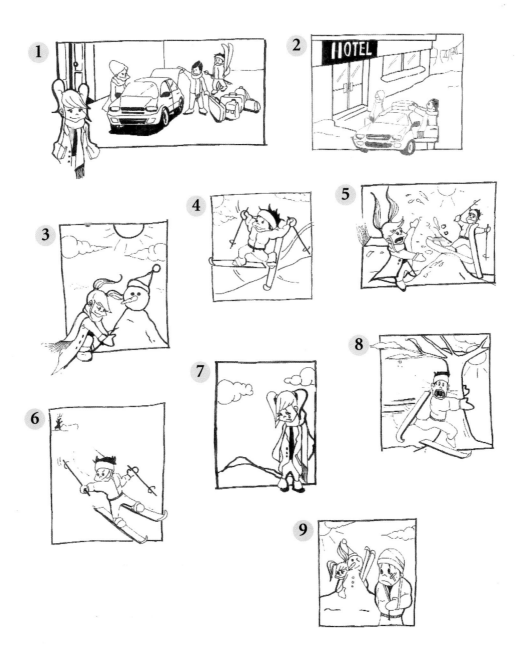

II parte

Un vostro amico vi ha chiesto la ricetta di un piatto che ha mangiato con gusto a casa vostra l'ultima volta che è venuto a trovarvi. Scrivetegli la ricetta indicando gli ingredienti e le loro quantità, e descrivendo tutte le istruzioni necessarie per la preparazione del piatto.

(Scrivete circa 100 parole: il conteggio comprende anche gli articoli, le preposizioni o le congiunzioni formati da una sola lettera. Saranno accettati esercizi che hanno fino a circa 25 parole in meno del numero stabilito. I testi che hanno in totale meno di 70 parole saranno annullati).

PROVA ORALE B1

La prova orale del livello B1 dura circa 15 minuti ed è divisa in 3 parti: una *presentazione*, un'*interazione guidata* ed un *monologo*.

Nella *presentazione* dovrete presentarvi e parlare dei vostri progetti e delle vostre esperienze. Questa parte durerà circa un minuto.

Nell'*interazione guidata* dovrete parlare con un "intervistatore" o con un altro candidato, e dimostrare di saper risolvere compiti relativi a situazioni quotidiane. L'intervistatore vi suggerirà una situazione comunicativa. Per esercitarvi, provate a svolgere con qualcuno le possibili conversazioni di queste situazioni:

1. Abitate da qualche mese in Italia e vi trovate molto bene nel vostro appartamento. Vi piace organizzare cene e feste con gli amici e vi riunite spesso sulla terrazza. Ma un vostro vicino si lamenta perché dice che fate troppo rumore e che a causa vostra non riesce a lavorare. Anche voi però avete qualcosa da dire a questo vicino. Perciò, lo incontrate, discutete con lui, e cercate di trovare un accordo.

2. Siete appena tornati da un lungo viaggio in una grande città italiana. Ricevete la telefonata di un caro amico italiano che vi chiede com'è andato il vostro periodo in Italia: raccontategli le vostre esperienze e le vostre impressioni.

3. Un vostro amico inizierà a lavorare nel posto dove prima lavoravate voi. L'amico non conosce il posto: non sa con quale mezzo arrivare al lavoro, dove pranzare durante la pausa, in quale ufficio entrare il primo giorno e, in generale, come comportarsi. Date al vostro amico tutte le informazioni che ritenete necessarie.

4. Un vostro amico ha degli ospiti a cena e vi chiama per chiedervi consigli su cosa cucinare per loro. Aiutatelo.

5. All'ufficio postale bisogna chiedere informazioni sul modo più veloce o più economico per far arrivare un pacco importante a destinazione.

Nel *monologo* dovrete parlare su un tema proposto dall'intervistatore. Avrete a disposizione qualche minuto per scegliere l'argomento fra quelli che vi verranno proposti, e per organizzare le idee; inoltre, potrete aiutarvi con delle immagini che vi saranno mostrate a seguire e potrete prendere qualche appunto senza utilizzare però materiali personali. Per esercitarvi, provate a svolgere un monologo su uno di questi temi:

1. Qual è il vostro rapporto con la lettura? Che genere di libri leggete? Amate i romanzi lunghi o preferite le riviste e i fumetti? Leggete regolarmente i quotidiani?

2. Un proverbio dice: "Chi trova un amico trova un tesoro". Dite che cosa ne pensate e raccontate qual è la vostra esperienza a questo riguardo.

3. Vi ricordate qualche gioco di quando eravate bambini?

4. Qual è il luogo in cui vi sentite meglio? In campagna, al mare, in montagna o in città? Perché? Descrivete il vostro ambiente di vita ideale.

5. La tecnologia ha cambiato in molti aspetti il nostro modo di comunicare. Che cos'è cambiato per voi negli ultimi dieci anni? Perché?

LA LETTURA

GLI AMICI

I GIOCHI

IL LUOGO IDEALE

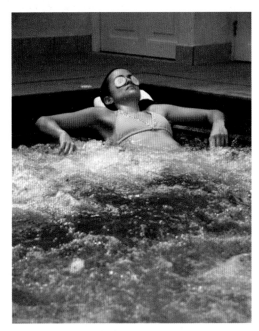

LA TECNOLOGIA

SOLUZIONI DELLE PROVE D'ESAME

Ascoltare e *Leggere*

PRIMA PROVA D'ESAME B1

Ascoltare
Prima parte: 1c; 2c; 3a; 4b; 5b; 6a; 7b.
Seconda parte: 1 F; 2 V; 3 V; 4 F; 5 F; 6 V; 7 V; 8 F.

Leggere
Prima parte: 1 M; 2 N; 3 I; 4 B; 5 D; 6 C; 7 L; 8 E.
Seconda parte: a) 13; b) 11; c) 8; d) 6; e) 5; f) 1; g) 2.

SECONDA PROVA D'ESAME B1

Ascoltare
Prima parte: 1a; 2b; 3a; 4c; 5d; 6c; 7c.
Seconda parte: 1, 2, 7, 8, 10, 12, 14, 16.

Leggere
Prima parte: 1, 3, 5, 6, 9, 11, 14.
Seconda parte: 1b; 2b; 3a; 4b; 5c; 6a; 7c; 8a.

1. Il regista Giulio Base sta realizzando un film sulla storia dell'inno nazionale italiano "Fratelli d'Italia". Dice il regista: "Mi sono innamorato pazzamente di questa storia che pochi conoscono, ma che è davvero fantastica". Il film nasce dal libro "Fratelli d'Italia, la vera storia dell'inno di Mameli" di Tricamo e Zagoni. L'inno fu presentato da Goffredo Mameli nel 1847. Mameli fu un poeta-combattente, dalla vita avventurosa e affascinante. Partecipò come volontario alla Prima Guerra d'Indipendenza (1848-49) e morì a soli 22 anni. Secondo Giulio Base, il film farà apprezzare e conoscere davvero quello che Mameli intitolò "Il canto degli italiani".

2. **Trentino:** *le*, un, Il/Un, uno, il, una, le, gli, I, i, gli, lo, i; **Bolzano:** *una*, l', il, un, i, un, la, Il, gli, gli, le, i, le, i, i, un, Il.

3. *un, sano*, una, buona, un', accurata, un, piccolo, umano, esterni, indispensabili, un, armonioso, L', tutte, le, Il, il, secondo, una, buona, la, importante, Indispensabile, suo, psicofisico, l', ludica, lo, essenziale, la, il, i, le, lo, la, la, il, le, sue, prime, i, suoi, la, prime, le, prime, la, adatti, il, le, sue, La, questo, stesso, la, un, i, un, un, magico, pieno, altri, piccoli, il, proprio, una, la.

4. a) *I*, le, i, una, il, la, la, una, il, una, un; b) *il*, un, il, I, il, un, il, delle, Una, la, lo; c) Piero Pelù al Live Aid c'era, ma preferisce *un* altro tipo di impegno. "Devo dire che **la** parola beneficenza non mi piace: sono molto più efficaci **le** operazioni di solidarietà, che richiedono a tutti **una** sincera anima di partecipazione, e **una** partecipazione nel tempo (cioè non semplicemente occasionale) che è **una** cosa molto, molto importante. Secondo me, al Live8 si è persa un'occasione per **una** grande raccolta di soldi per costruire scuole, ospedali o pozzi. I Subsonica, **un** altro importante gruppo italiano, avevano sin dall'inizio **le** idee chiare e al Live8 non ci sono andati. "**Le** manifestazioni di beneficenza occasionale non ci piacciono, **le** nostre posizioni le esprimiamo in modo chiaro e diretto: ad esempio **la** nostra dichiarazione contro le guerre recenti o **le** iniziative contro la destra".

5. *del* pane; **delle** bistecche; **dell'**olio, **della** nutella, **del** latte, **del** pesce, **dei** biscotti, **delle** pesche, **dell'**aceto, **dei** limoni, **del** burro, **del** cocomero, **della** pasta, **dell'**insalata, **degli** spaghetti, **dei** pomodori, **dei** formaggi, **degli** asparagi, **dei** surgelati, **delle** melanzane.

6. dei, delle, dei, delle, dei, dello, del, del, della, dei, degli, delle, dei, delle, delle, dell'.

7. *i miei*, i miei, Le mie, Mia, mio, Il suo, Le sue, mia, le sue, I suoi, mio, mio, La loro, Le nostre, il mio, la mia, La sua, I miei, Mio, loro.

8. a) **POCO:** 1) *poca*; 2) poco; 3) poche; 4) pochi; 5) poche; **MOLTO:** 1) Molte; 2) *molto*; 3) molto; 4) molta, molto; 5) molti; **TANTO:** 1) tanti, 2) tanto; 3) tante, 4) tanta; 5) tante; **TROPPO:** 1) troppe; 2) troppi; 3) Troppe; 4) troppo; 5) troppo; b) **AVVERBI:** *molto simpatica*, nevica poco, molto tardi, molto grande, Ho studiato tanto, troppo velocemente, ho bevuto troppo; **AGGETTIVI:** *poca acqua*, poche volte, pochi soldi, molte mie amiche, molta fatica, molti immigrati, tanti limoni, tante persone, tanta pazienza, troppi vestiti, troppe persone; **PRONOMI:** ne fumo veramente poche, ne ha mangiate davvero tante, ne ho troppe.

9. *tutti i bambini*, tante ore, tutta la famiglia, per molti, è molto ampia, tante soluzioni, tanti grandi e piccoli comuni, per tutta la giornata, tutto l'anno scolastico, tutto l'anno, il modo *migliore*, è **meglio**

discutere, la vacanza **migliore**, molt**o** importante, la soluzione **migliore**, In molt**i** casi, conoscere **meglio** i figli.

10. *a/7: più alberi che uomini*; b/4: noiosissimi; c/15: È anche più bella di Meredith; d/8: È più bello di te; e/11: più interessante di lui mi pare Nicola Lagioia; f/2: è più bravo a modellare che a parlare; g/10: più efficiente che aperto; h/6: il basket o il football sono infinitamente più divertenti del calcio; i/13: è molto più stimolante vedere un film al cinema che guardarlo in TV; l/5: lunghissima; m/14: è più generosa con te che con me; n/12: lontanissima; o/9: È tutto felice; p/3: camere piccole piccole; q/1: più affascinante di molte altre mete europee.

11. *ti/Michela, Lo/questo*, l'/il trasloco, *Te/Michela, li/i pattini*, ci/Giusy e Fabio, Mi/Giusy, mi/Giusy, gli(e)/Fabio, l'/questa cosa, l'/Fabio, gli/Fabio, mi/Giusy, l'/questo, gli/Fabio, mi/Giusy, l'/questo, si/Fabio, lo/questo, Te/Michela, li/gli amici australiani di Giusy, si/gli amici australiani di Giusy, mi/Giusy, vi/Michela e Giacomo, mi/Giusy, ti/Michela, Ti/Michela.

12. *1/c: L'*; 2/h: lo; 3/a: la; 4/g: li; 5/f: la; 6/i: Le; 7/e: L'; 8/d: mi; 9/l: li; 10/b: Lo.

13. 1) le, le; 2) lo; 3) li; 4) la, la; 5) le; 6) lo; 7) la; 8) li; 9) le; 10) lo.

14. 1) *Se hai delle scarpe che ti stringono devi riempir**le** con dei giornali bagnati e devi tener**le** così per una notte*; 2) Se hai il singhiozzo e vuoi far**lo** passare devi trattenere il respiro; 3) Se vuoi avere i vetri delle finestre splendenti devi pulir**li** con un giornale bagnato; 4) Se ti bruci con il ferro da stiro devi prendere subito una patata, devi sbucciar**la** e devi tener**la** sulla parte dolorante per qualche minuto; 5) Se hai pulito dei carciofi e le tue dita sono nere, devi pulir**le** con il succo di limone; 6) Se hai mal di testa puoi far**lo** passare dormendo; 7) Se vuoi fare un caffè buono, la caffettiera non devi lavar**la** con il sapone; 8) Se non vuoi avere dei bambini capricciosi, non devi viziar**li**; 9) Se stasera non puoi passare da nonna, allora devi telefonar**le** a casa; 10) Se vuoi passare l'esame devi preparar**lo** bene prima!

15. 1) ***Gli** voglio molto bene*; 2) Mi raccomando, non devi chieder**le** la sua età; 3) Ieri Antonio **le** ha chiesto di sposarlo; 4) Marcello ha avuto il coraggio di dir**mi** che arrivo sempre tardi; 5) Il professor De Giacomi deve dir**ci** una cosa importante per l'esame. Andiamo a parlar**gli** questo pomeriggio, ma è meglio telefonar**gli** prima; 6) Cari Paola e Andrea, devo dar**vi** una bella notizia: aspetto un bambino; 7) Antonio **gli** ha chiesto di preparar**gli** i dolci per il matrimonio; 8) La cartomante **mi** ha letto la mano e **mi** ha detto che avrò fortuna in amore; 9) Perché **mi** chiedi che cosa **le** ha detto il dottore?; 10) Di**gli** che deve portar**gli** questi fiori come regalo.

16. l', gli, mi, lo, mi, da te, mi, Io, lo, gli, l', ci, mi, di me, mi, mi, lo, a me, Li, di lui, lo, mi, le, Lui, mi, mi, di me, io, glielo, gli, lo, ce lo, mi, si, l', mi, la, me lo, le, mi, mi, con lei, Ti, mi, mela, tu.

17. 1) *Frase errata, deve essere: Non ti ha chiamato. E tu ignoralo*; 2) *Frase giusta*; 3) *Frase errata, deve essere: Se vuoi lo chiamo io, e poi te lo passo. Digli che ci venga a prendere alle otto*; 4) *Frase errata, deve essere: Comunque diglielo che ti sta facendo soffrire*; 5) *Frase giusta*; 6) *Frase errata, deve essere:* Sì, tu lo ami, però lui ti tradisce e tu lo perdoni ogni volta; 7) *Frase errata, deve essere:* Te l'ho detto che qui a Bologna ti saresti trovata bene; 8) *Frase errata, deve essere:* Ad Anna, ricordale che ti deve ridare la macchina fotografica; 9) *Frase errata, deve essere:* Quella tua borsa nuova me la presti sabato prossimo?; 10) *Frase errata, deve essere:* Diglielo a Maria di non arrivare tardi come al solito.

18.

1) ☐ Sai che Luisa si sposa?
   ◉ **L'**ho incontra**ta** un paio di giorni fa, ma non **me l'**ha detto.
      E **mi** chiedo perché a te **l'**ha detto, e a me invece no.
2) Beh, lei **mi** ha telefonato non più di tre o quattro giorni fa, e **mi** ha comunicato la notizia. Comunque se sei arrabbiato con lei di**glielo**!
3) ☐ Ma no, non voglio farne un dramma. Certo che però potevi anche dir**melo**!
   ◉ Volevo dir**telo**, **te lo** giuro!
4) Buongiorno Sandro.
   Siccome stamattina non lavori, **ti** scrivo alcune cose che devi fare. Ricorda**ti** queste cose:
   - ritira il tuo vestito. Io **l'**ho portato in tintoria due giorni fa.
   - porta a Carlo i suoi cd. Lui **li** vuole entro oggi perché **gli** servono.
   - prepara la colazione alle bambine. Ricordati che **la** vogliono fare/vogliono far**la** con la torta di ieri!
   - la macchina ha un faro rotto. Se hai tempo, porta**la** dal meccanico, per piacere.
   - ah, chiama Giulio. Ieri **ti** cercava, forse non **te l'**ho detto, scusa.
   Va bene, basta. E buona giornata amore mio!
5) È una notizia incredibile! Io **l'**ho lett**a** stamattina, ma sono ancora sconvolta. Io **lo** conoscevo, ma non pensavo che avesse altre due mogli!! **Lo** faranno vedere anche al telegiornale dell'una. Ma Giovanna **lo** saprà? Telefoniamo**le**.
6) Nel pomeriggio incontro Tommaso e Valerio per parlar**gli** del viaggio che abbiamo progettato insieme. Voglio convincer**li** a rinviar**lo**.
7) Senti, ieri ha telefonato tuo padre. Mi ha detto se **lo** richiami. Fa**llo**, deve essere importante!
8) Linuccio guarda**mi** in faccia. Dim**mi** la verità, prima che arrivi tuo padre. O vuoi che **gli** dica che hai preso un brutto voto a scuola?
9) No, guarda non **ti** conviene venire. Abbiamo tutti l'influenza. È stato Gino che **ce l'**ha passata!
10) Sì, **ve lo** ripeto, è un'occasione unica: un volo *low cost* per Lisbona. Ci divertiremo tanto e spenderemo poco. E voi vi riposerete dopo il trasloco. **Ci** sembra una splendida possibilità. Pensateci se volete venire, e dite**celo** in fretta!
11) ☐ Guardi, **Le** dico che andavo piano. Non superavo i 50 km all'ora!
   ◉ Signora, **li** superava di sicuro. **Mi** dispiace, ma devo far**le** la multa!

19. 1) Non ho voglia di stare a casa, stasera esco con **te**; 2) Gianni ha problemi con il computer. Puoi aiutar**lo**?; 3) Ieri sera c'è stato il concerto di Carmen Consoli. **L'**hai visto?; 4) A mamma oggi serve la macchina. **Gliela** porti tu?; 5) Questo caldo è terribile! Non **lo** sopporto più!; 6) **Mi** sono piaciuti molto gli spaghetti che ha cucinato ieri Marco; 7) Hai mai visto Verona? Se vieni qui da noi **te la** facciamo conoscere; 8) **Le** piace molto pattinare sul ghiaccio; 9) Io e Ida **ci** vediamo un film stasera. **Tu** vieni?; 10) Stamattina **mi** sono svegliato presto per colpa delle zanzare; 11) Ho un nuovo numero di cellulare. **Te lo** do?; 12) Non trovo le scarpe rosse. Per caso, **le** hai viste?; 13) Non **te lo** posso dire. Carlo non vuole che lo dica, **gliel'**ho promesso; 14) I cd **te li** porto oggi, o **te li** restituisco domani a scuola?; 15) Laura ha bisogno di un dottore. Chiama**lo** subito, mi raccomando.

20. ti, Mi, li, io, li, Mi, lo, gli, lo/l', Ti, ti, lo, la, Noi, voi, ti, ti, Mi, te, la/l', la/l', lo, Gli, lui, mi, lo, mi.

21. a) **"che" congiunzione:** *È vero che*, è anche vero che è importante, è bene ricordarsi che, non dimentichiamo che; **"che" pronome relativo:** *la seduzione che ognuno esercita*, (gli uccelli, gli insetti e) i mammiferi che nel corteggiamento, c'è l'insetto che emette, il mammifero che si esibisce, l'uccello che compie, uomini e donne che curano, ingredienti che sono essenziali, uno sguardo che dà espressione, una mano che tocca, le posizioni del nostro corpo che sono essenziali, alle lucertole che si gonfiano, quei maschi che gonfiano, piccoli trucchi che possono aiutare, il naturale sex appeal che ogni persona possiede; b) *la seduzione*, (gli uccelli, gli insetti e) i mammiferi, l'insetto, il mammifero, l'uccello, uomini e donne, ingredienti, uno sguardo, una mano, le posizioni del nostro corpo, lucertole, quei maschi, piccoli trucchi, il naturale sex appeal; c) **"che" pronome relativo soggetto:** *(gli uccelli, gli insetti e) i mammiferi*, l'insetto, il mammifero, l'uccello, uomini e donne, ingredienti, uno sguardo, una mano, le posizioni del nostro corpo, lucertole, quei maschi, piccoli trucchi; **"che" pronome relativo oggetto diretto:** la seduzione che ognuno esercita, il naturale sex appeal che ogni persona possiede.

22. a) *una vecchietta* **che** *vola su una scopa*; ricorda i doni **che** i Re Magi dettero al Bambino Gesù; Si tratta di una fiera **che** dura da metà dicembre al 6 gennaio; una specie di "paradiso" per i bambini **che** qui trovano dolci, giocattoli e divertimenti; il 6 gennaio ci sono dei gondolieri **che** si travestono da Befana; b) *una vecchietta*, i doni, una fiera, i bambini, dei gondolieri.

23. *riga 1:* **lo**, *pronome oggetto diretto/anche gli animali usano le menzogne;*
    riga 2: **ce**, *pronome oggetto indiretto/extratestuale, a noi esseri umani;*
    riga 2: **la**, pronome oggetto diretto/la risposta;
    riga 2: **l'**, pronome oggetto diretto/che è sempre e soltanto un peccato;
    riga 4: dir**le**, pronome oggetto diretto/le menzogne;
    riga 4: **lo**, pronome oggetto diretto/dire le menzogne;
    riga 5: deluder**lo**, pronome oggetto diretto/il proprio compagno;
    riga 5: deluder**la**, pronome oggetto diretto/la propria compagna;
    riga 6: **le**, pronome oggetto diretto/le bugie;
    riga 7: **che**, *pronome relativo oggetto diretto/le bugie;*
    riga 7: **che**, pronome relativo oggetto diretto/le persone;
    riga 7: **le**, pronome oggetto diretto/le bugie;
    riga 8: far**gli**, pronome oggetto indiretto/alle persone che amiamo;
    riga 8: **che**, pronome relativo oggetto diretto/le false verità;
    riga 9: sentir**ci**, pronome riflessivo/extratestuale, noi esseri umani;
    riga 9: **le**, pronome oggetto diretto/le bugie;
    riga 11: **Ce**, pronome oggetto indiretto/extratestuale, a noi esseri umani;
    riga 11: **lo**, pronome oggetto diretto/la bugia è sempre parte di una strategia;
    riga 12: **le**, pronome oggetto diretto/le bugie;
    riga 15: **che**, pronome relativo soggetto/il libro di Andrea Tagliapietre;
    riga 17: **che**, pronome relativo soggetto/il libro di Maria Bettetini;
    riga 17: **che**, pronome relativo soggetto/Ulisse;
    riga 17: salvar**si**, pronome riflessivo/Ulisse;
    riga 18: **che**, pronome relativo soggetto/Platone;
    riga 19: **che**, pronome relativo soggetto/Elena Antognazza.

24. lo, lo, lo, ti, si, che, ne, si, la, che, che, lo, ne, che, lo, con me, gli, gli, mi, mi, gli, gli, l', gliel', che, le, la, che, lo, che.

25. **Indica una specificazione:** l'uso **di** Internet; l'invio **di** una e-mail; mese **di** luglio; corso **di** informatica; la scuola **di** sub; corsi **di** immersione; città **di** Urbino; appassionato **di** strumenti antichi; **Indica il destinatario dell'azione del verbo:** scrivete **a**; **Indica un mezzo di trasporto: in** macchina, **con** il treno; **Indica un rapporto di compagnia: con** i tutor; **tra** persone competenti; **Indica il destinatario di un vantaggio o di uno svantaggio: per** adulti e ragazzi; **per** bambini e disabili; **a** musicisti appas-

sionati; **per** i musicisti; **per** gli artisti; **per** il pubblico; **Indica i limiti di un'affermazione: Per** me; **Indica un argomento: su** *Word*; **su** *Power Point*; **sulla** musica; **su** quello che è il meglio della musica antica; **Indica un mezzo o uno strumento: per** e-mail; **per** telefono.

26. dei, a, degli, nei, dei, di, Per, delle, dei, di, all', di, in, da, in, di, dalla, dei, Nel, per/a, con, nelle, di, da, delle, da, In, sulla, sull', sul, delle.

27. A, *di*, di, di, a, di, d', di, di, per, di, di, d', di, di, di, di.

28. nelle, della, della, del, del, dell', della, del, nel, nelle, Nelle, nei, del, nella, dei, del, del, del, nel, nell', della, nel, del.

29. 1) davanti; 2) dentro; 3) fuori; 4) a destra/a sinistra, a sinistra/a destra, lontano; 5) giù; 6) intorno; 7) su; 8) indietro; 9) vicino; 10) Avanti; 11) all'angolo; 12) in fondo.

30. spedisco, impedisce, capisco, finisco, parto, offre, Capisce, gestisco, subisce, pulisce, finiamo, finite, Scopro, sentono, preferisco.

31. a) fa molto caldo, Mi si abbassa, perché so, soffoco, dice a tutti, come volete, do ragione, mi aiuta, mi prepara, si giustifica, È necessario, È importante, è meglio lavorare, Pare, mi danno; b) **verbi con il soggetto determinato:** *sopporto/io/sopportare*; diminuiscono/le mie capacità/diminuire; si abbassa/la pressione/abbassarsi; divento/io/diventare; so/io/sapere; soffoco/io/soffocare; dice/un mio amico/dire; fate/voi/fare; volete/voi/volere; uso/io/usare; do/io/dare; aiuta/mia moglie/aiutare; prepara/lei/preparare; si giustifica/lei/giustificarsi; devi/tu/dovere; danno/tutti/dare; **verbi impersonali:** *fa/fare*; bisogna/bisognare; occorre/occorrere; è necessario/essere necessario; è importante/essere importante; sembra/sembrare; è meglio/essere meglio; è opportuno/essere opportuno; è bene/essere bene; pare/parere; succede/succedere.

32. 1) *Non bisogna*; 2) È necessario; 3) È bene, È meglio; 4) È importante, è bene, bisogna; 5) Occorre; 6) è necessario; 7) Sembra, sia essenziale; 8) Pare, sia fondamentale; 9) È opportuno; 10) Bisogna, fa.

33. *ascolti*; Legga; si accerti; Verifichi; eviti; Conservi; riponga; Metta; Lavi; Tenga; Lavi; Scongeli; Segua; si rivolga.

34. ha costretto, sono rimasti, è nata, ha rifiutato, Ho ricevuto, ha spiegato, si è trasformato, ha dovuto, hanno concesso, è rimbalzata, ha suscitato, si è trasformato, È stata, si è comportato, è stata, ha raccontato, hanno gridato, ha avuto, ha applicato, ha fatto.

35. a) *Se* mi chiedi chi ha inventato il teatro, *ti* rispondo che non è necessario spiegartelo; b) **Ipotesi:** Se mi chiedi chi ha inventato il teatro; **Conseguenza:** ti rispondo che non è necessario spiegartelo; c) chiedi, rispondo, è, sai, chiami, hanno, riescono, Trovano; d) **Riuscire:** riesco, riesci, riesce, riusciamo, riuscite, *riescono*; **Finire:** finisco, finisci, finisce, finiamo, finite, finiscono; e) *Si ricordano* che da ragazzi costruivano delle capanne nel bosco insieme ai loro amici. Uno doveva stare fuori a controllare e loro, dentro, si raccontavano tutto quello che sapevano su film, libri o fumetti, e poi lo recitavano. Avevano la fortuna di vivere vicino a un bosco, sul lago Maggiore, e lì quando erano ragazzi hanno ascoltato spesso i racconti e le favole dei cantastorie; f) *Tu guardavi anche le rappresentazioni che facevano i burattinai professionisti, e dopo ti costruivi* da solo i tuoi burattini e imitavi le loro storie. Le cambiavi come ti piaceva. I tuoi fratelli avevano otto e cinque anni, tu ne avevi dieci, e il tuo piccolo teatro era dentro un vecchio capanno. Giocavi con altri bambini, che venivano al tuo spettacolo e pagavano l'entrata! Sapevi già come funzionavano le cose.

Ormai eri famoso. E tanti bambini venivano a vederti perché li facevi divertire. Nelle tue storie mettevi dei personaggi che venivano dalla vita reale. Per esempio, in paese c'era un ladruncolo molto simpatico e ubriacone che aveva sempre paura che qualcuno scoprisse i suoi piccoli furti. Tu lo chiamavi "Dighelnò", che in dialetto significa "Non diteglielo!". Ma le storie anche le inventavi. Raccontavi, per esempio, di un bandito che rapiva una ragazza perché voleva sposarla. Oppure trasformavi delle vecchie storie in racconti in cui la gente si riconosceva. Hai anche preso in giro il sindaco! E avevi dieci, dodici anni! Facevi delle cose meravigliose. Non era geniale mettere nelle storie delle persone conosciute?

36. 1/d: *Se non arrivo entro le sei, non mi aspettare*; 2/f: Se non **vi sbrigate** con tutti questi saluti **perderete** il treno; 3/o: Guarda che se non **usi** gli occhiali la tua vista **peggiorerà**; 4/q: Se **vengo** in macchina ti **do** un passaggio; 5/i: Se **continuiamo** a fumare tanto l'aria della stanza **diventerà** irrespirabile; 6/l: Se non **puoi** accompagnare i bambini **telefonami** in ufficio, così li porto io a scuola; 7/h: Se domani **ci sarà** questo vento **ci divertiremo** sicuramente in barca; 8/p: Se **venite/verrete** a trovarci in campagna **facciamo/faremo** un picnic nel bosco; 9/e: Se **vuoi** davvero superare quest'esame **devi/dovrai** passare molte ore sui libri; 10/b: Se anche voi **andate** al concerto perché non ci **andiamo** insieme?; 11/n: Se ti **piace** il cinema muto stanotte in tv **danno** un film di Buster Keaton; 12/m: Se domani **incontriamo** Fabio **ricordiamoci** di invitarlo alla festa; 13/c: Se più tardi **esci prendi** il latte al bar; 14/g: Mi raccomando, se **fate** ritardo **avvertitemi**; 15/a: Se questa allergia **continua dovrò** andare dallo specialista.

37. *Mi sono chiesta*, è stato/era, sono entrata, sembrava, ho voluto, hanno dato, hanno raccontato, portava, rimaneva, è *realmente* accaduto, abbiamo salvato, stavano, ho visto, interessava, volevo/ho voluto, ho rappresentata, ho provato, ho amato, ho odiato, ho guardato.

38. lei *ha scritto*; Ho viaggiato molto; che mi hanno amato/a; è stato il viaggio; hanno rappresentato moltissimo; mi è piaciuto; è stato quello; andavamo in giro; eravamo poveri; chi aveva; eravamo una famiglia; è stata Torino; ci ho vissuto; quando c'era; era Mirafiori; mi ha lasciato; ho vissuto/sono vissuta a Taranto; c'era mio marito.

39. Ho fatto, è salita, Andavano, avevano, parlavano, intrattenevano, si annoiavano, hanno iniziato, hanno reagito, Minacciavano, picchiavano, sembrava, avevano, alzava, gridava, volevano, sembravano, sono scesi, ho pensato, mi sono chiesto/a.

40. a) *ha adottato*, Ho capito, hanno dimostrato, arrivavo, dava/ha dato, domandavano, volevo, volevano, desideravo, ho/abbiamo fatto, è successo; b) riga 7: *si, pronome riflessivo/uomini e donne*; riga 9: **che**, pronome relativo soggetto/mio marito; riga 10: **mi**, pronome oggetto diretto/Marilena; riga 10/11: **a noi**, pronome dopo preposizione/le donne; riga 15: **li**, pronome oggetto diretto/i bambini; riga 15: **che**, pronome relativo oggetto diretto/la cena; riga 15: **io**, pronome soggetto/Marilena; riga 16: **mi**, pronome oggetto indiretto/Marilena; riga 19: **la**, pronome oggetto diretto/la Tv; riga 20: **le**, pronome oggetto indiretto/una ragazza; riga 21: **mi**, pronome oggetto indiretto/Marilena; riga 21: **mi**, pronome oggetto indiretto/Marilena; riga 23: **a me**, pronome dopo preposizione/Marilena; riga 24: **gli**, pronome oggetto indiretto/alle donne a cui faccio i colloqui; riga 24: **mi**, pronome riflessivo/Marilena; riga 24: **da loro**, pronome dopo preposizione/le donne; riga 24: **le**, pronome oggetto diretto/le donne; riga 25: far**lo**, pronome oggetto diretto/conciliare lavoro e famiglia.

41. *Ho cercato*, disegnano, scatena, ha accompagnato, considera, Ho intuito/Intuivo, ci sono/c'erano, spiegava, annuivo, devo, continuavo, scendevo, porta, ho visto, dipingeva, ha raccontato, era, sembra, hanno voluto/volevano, è diventata, si sono ritrovati, ha voluto/voleva, ricorda.